平凡社新書
1066

アメリカ大統領とは何か

最高権力者の本当の姿

西山隆行
NISHIYAMA TAKAYUKI

HEIBONSHA

アメリカ大統領とは何か●目次

第4章 政治的に大きな役割を果たす裁判所

「大統領は何もしていない！」と言う前に

もしあなたがアメリカ大統領になったらどのような政治を行うでしょうか？　アメリカ大統領は、時に世界最大の権力者だと指摘されます。読者の皆さんは、アメリカ大統領は大きな権力を持っているはずなのに、世界をよくするために十分な仕事をしていないではないか！　そもそもアメリカ国内をまとめることもできていないではないか！　などと思っているかもしれません。そして、もし自分が大統領になったら、もっとましなことができるはず……と思っている方もひょっとするといらっしゃるかもしれません。

ただし、実際には読者の多くは残念ながらアメリカの大統領に就任することはできないかもしれません。合衆国憲法に「出生により合衆国市民である者、または、この憲法の成立時に合衆国市民である者でなければ、大統領の職に就くことはできない。年齢満35歳に達していない者、および合衆国内に住所を得て14年を経過していない者は、大統領の職に就くことはできない。」と規定されているからです。生まれた時点でアメリカ国籍を持っていたことが要件とされているので、帰化してアメリカ国籍を持っている場合でも大統領には就任することができません。

とはいえ、皆さんも大統領の職務に就くことを想定して、本書を読んでみてください。日本でも多くのコメンテーターが大統領の仕事を批判したりしています。政権について、「予算を通すことができなかった」とか、「ウクライナ支援のためにわずかな額しか投じていない」というような論評が出されることがあります。しかし、実際は、アメリカの予算は法律として作る必要があるため、予算を作るのは基本的には議会の仕事です。また、海外に対する財政出動も議会の賛同を得る必要があるため、実は大統領（政権）に対することのような批判は適切でない可能性があります。

アメリカの大統領は大きなジレンマを抱えています。国民から大きな権限を持つものとして大きな期待が寄せられているにもかかわらず、実態としてはその権限が大きく制限されているからです。大統領の権限や合衆国憲法の規定、他の政治主体との関係などを理解してみると、アメリカ大統領に対して、より実のある批判ができるようになるでしょう。また、アメリカの政治ドラマの楽しみ方も変わってくるのではないでしょうか。

まずはアメリカの大統領に関する基礎的な特徴をいくつか紹介しておきましょう。

アメリカの大統領は、合衆国憲法修正第22条で規定されているように、現在では基本的には2期8年が任期の上限になっています（ただし、副大統領から昇格した場合に、残任期間が2年未満の場合は、それを追加することができます）。その結果、大統領の行動原理は1期目と2期目で変わってきます。1期目の大統領は再選して2期務めることが目標になりますが、2期目の大統領はそれ以上の再選はないため、ライバルになるのは歴代の他の大統領です。歴史に名を遺すことが大目標になるのです。

アメリカの大統領という仕事の特殊性は、どこにあるでしょうか。他の仕事と比較して、考えてみましょう。

まず、連邦議会議員と比べると、代表性が異なります。連邦議会の上院議員は、各州の利益を代表する存在です。また、下院議員は50州を435の選挙区に分けて、それぞれの選挙区を代表しています。下院議員は多くの場合、同質性の高い選挙区から選ばれていますす。上院議員については、州の内部に都市部と農村部を含んでいる場合などには少し複雑になりますが、民主党が優位な州や共和党が優位な州から選ばれた場合は、上院議員も自分を選んだ有権者が望むことが比較的わかりやすいといえます。

しかし、大統領はアメリカ全土を代表する唯一の公職者です。これは、連邦議会議員に対峙する際の最大の政治資源になります。もっとも、ドナルド・トランプ前大統領は政治社会の分断状況を前提として、全国民の代表というよりは自らの岩盤支持層の利益を最優先する傾向を鮮明にしましたが、このようなパターンがずっと続くかは不明です。

大統領は任務が包括的だというのも大きな特徴です。連邦議会の議員は、実は大半の争点にはほとんど関与しません。連邦議会は委員会を中心として運営されており、基本的な立法活動は委員会と小委員会で行われています。よほど論争的な争点を除いては、本会議では委員会で作られた法案を相互主義の原則に基づいてそのまま通すのが一般的です。したがって、連邦議会議員は、自らの属する委員会・小委員会で扱う争点以外について判断することはあまりありません。これに対して大統領は、全ての争点について判断する必要があります。法律を通すためには、連邦議会の上下両院を通過した法案に大統領が署名する必要があるからです。

また、大統領は孤独な存在です。合衆国憲法では、行政権は大統領に属すると規定されています。日本の場合は日本国憲法第65条で行政権は内閣に属すると規定されて、ある意味での集団指導体制が想定されていますが、アメリカでは大統領のみに責任がある規定になっています。連邦議会議員が、委員会や小委員会などでチームを組んで行動するのとは対照的です。もちろん、大統領も政権チームを作って行動しており、ジョー・バイデンのように連邦政界の経験が長い人物は気心の知れた人を補佐官などに任命することができます。しかし、ワシントン政治のアウトサイダーであったり、大統領が死亡して突如として副大統領が政権チームを引き継いだりする場合は、孤独に陥る可能性が高いのです。

大統領の特殊性を州知事とも比較してみましょう。近年では州知事出身の大統領が増えていますが、実は州知事出身者は大統領就任後に、様々な困難に直面します。州知事と大統領は、権限の範囲が大きく異なっているからです。

アメリカの州は自律性の高い存在です。州知事の仕事はそれぞれの州憲法に定められているため、その権限は州により異なります。ただ、一般論としては、州知事は比較的大きな権限を持っていて、時に州議会の反対を押し切って決定することもできます。また、州によってはメディアによる攻撃もあまり強くありません。これに対して、大統領の権限は、議会との関係で大きく限定されています。州知事時代と同様に大胆な決断をしようとしても、連邦議会やメディアの反対に直面してしまうのです。

また、州知事はあまり外交には関与しませんが、大統領になると外交が非常に大きな仕事の一つになります。内政と外交では政治のルールが異なるので、州知事出身者も外交運営に苦労することになります。

最後に、ビジネスとの違いについて考えてみましょう。トランプ前大統領は不動産業で財を成した人物であり、ビジネス経験者であることを強みとして打ち出しています。自分は社長として様々な決定をしてきたのだから、大統領になってもリーダーシップを発揮できるのだというのです。

しかし、公職とビジネスには明らかに違う部分があります。もっとも、ビジネスといっても多様なので一概には言えないところがありますが、例えば不動産業の場合は、いくつかの取引で失敗して赤字を出したとしても、全体として黒字を出せば成功したといえるでしょう。しかし、大統領の仕事は、何かを犠牲にしてよいというものではありません。行政の仕事は、基本的には常に百点満点が求められるのです。不満が寄せられても、民間企業ならば、場合によってはお詫びの品を届ければ済むかもしれませんが、政治・行政の場合は、それでは済ませられません。常に多くの分野で、様々な配慮をする必要があります。

したがって、民間企業でリーダーシップを発揮することができた人が大統領になったとしても、同様の手法で成功を収めることができるとは限りません。州知事と同様に、かつての成功経験が足を引っ張る形になって、大統領としては失敗する可能性もあるのです。

2016年大統領選挙で勝利した共和党のトランプ前大統領と、2020年大統領選挙で勝利した民主党のバイデン現大統領は、全く対照的な経歴の持ち主です。トランプは政治経験も軍歴も全くない、ワシントン政治のアウトサイダーでした。他方、バイデンは、1970年代から連邦議会議員を務めて上院司法委員長や外交委員長を歴任し、バラク・オバマ政権で副大統領も務めた、ワシントン政治の究極のインサイダーです。

実は、アメリカでは1970年代以降に大統領になった人は州知事経験者が多いです。1972年に、リチャード・ニクソン大統領がウォーターゲート事件というスキャンダルを起こしました。これは、大統領としての再選を目指したニクソンが、民主党本部が入っていたウォーターゲート・ビルに盗聴器をつけるため工作員に侵入させたことが明らかになった事件です。ニクソンは、連邦下院議員、上院議員、ドワイト・アイゼンハワー政権の副大統領も務めた、ワシントン政治のインサイダー中のインサイダーであったため、国民の間でワシントンの政界勢力に対する不信が高まったのです。

ワシントン政治の変革を求める人々が、ワシントン政治のアウトサイダーに期待する傾向が強くなった結果として、ジミー・カーター以降の大統領には州知事出身者などワシントン政治と関わりの薄い人が選ばれる傾向が強くなりました。それが極限に達したのがトランプの当選でした。しかし、それが好ましい結果を生まなかったという反省から、一種の反動として選ばれたのがバイデンといえるのではないでしょうか。

本書では冒頭で記したように、読者の皆さんが大統領になったらということを想定しながら読み進めることを前提にした構成と内容になっています。そこで重要なキーワードとして、「大統領の権限」「連邦議会と行政部門」「連邦制」「裁判所」「選挙・世論・メディア」「政党」「対外政策」を挙げました。さらに「偉大さ」という視点から理想的な大統領像とはどのようなものなのかについても触れていきたいと思います。

本書を読み終えた時、大統領の仕事の概略だけではなく、大統領の仕事を通じてアメリカ政治の概要や現状について理解や関心を深めていただければ嬉しいです。2024年11月に控える大統領選をより身近なトピックとして接してください。また、当選した大統領が2025年以降に政権運営をする際、どのようなことができて、どのような制約に直面しているか、本書を通して考えてみていただければと思います。

第1章
大統領の権限とその発展

アメリカ大統領官邸「ホワイトハウス」

1　構造的な仕組み

トランプの大統領令とバイデンの大統領令

2016年大統領選挙で勝利した共和党のドナルド・トランプ大統領は、しばしばロシアのウラジミール・プーチン大統領や北朝鮮の金正恩《キムジョンウン》国家主席を高く評価し、自らもそれに類するものとして大きな権限を振るうと宣言して大統領令を頻発しました。例えば、大統領就任の初日にバラク・オバマ政権の時に参加が決定された環太平洋パートナーシップ協定（TPP）[*1]やパリ協定[*2]から離脱することを宣言しました。また、南部のメキシコとの国境周辺地帯の不法移民を取り締まるための大統領令、さらには、中東地域のイスラム教の国々から入国する人々を潜在的なテロリストと判断し、彼らの入国を拒否する大統領令も発しました。これらの大統領令の中には、連邦最高裁判所が違憲判決を出し、効力を失ったものもあります。なお、トランプは二度の弾劾裁判に直面した大統領となりました。

それに続くジョー・バイデン大統領は今日では低支持率にあえいでいますが、その理由としてしばしば指摘されるのが、南部国境周辺地帯の混乱、不法移民対策の失敗です。共和党と保守系メディアは、大統領の無策が国境危機を招いたと強調しています。しかしバイデン大統領は、南部国境地帯の不法移民問題に対応するためには、連邦議会による立法が必要だと繰り返し発言していました。

実際にバイデン大統領は連邦議会上院共和党と様々な協議を繰り返し、ウクライナ支援と関連付ける形で国境周辺地域への対策を立法化することで合意しました。その試みは、2024年大統領選挙で不法移民問題を争点として取り上げたいと考えたトランプによる横槍があったため暗礁に乗り上げた後、再び連邦議会の共和党指導部も賛同したのですが、

＊1　環太平洋パートナーシップ協定（TPP）：オーストラリア、ブルネイ、カナダ、チリ、日本、マレーシア、メキシコ、ニュージーランド、ペルー、シンガポール、アメリカ及びベトナムの合計12か国間における経済連携協定のこと。2015年10月に、大筋合意に至り、2016年2月に署名された。日本は2017年1月にTPP協定を締結したが、同月にアメリカが離脱を表明。同年11月の閣僚会合で11か国による大筋合意に至り、2018年3月、「環太平洋パートナーシップに関する包括的及び先進的な協定（CPTPP）」が署名された。

＊2　パリ協定：2015年の国連気候変動枠組み条約締約国会議（COP21）で採択され、2016年に発効した気候変動問題に関する国際的な枠組み。世界共通の長期目標として、「世界的な平均気温上昇を産業革命以前に比べて2℃より十分低く保つとともに、1・5℃に抑える努力を追求すること」などが掲げられた。

やはり連邦議会を通過することなく、最終的にはバイデンが「他に選択肢がない」という理由で不法移民の亡命申請を制限する大統領令を出すことになりました。

大統領の権限はどのくらい？

今日では、アメリカの大統領は大きな役割を果たすことが国民から期待されています。そして、好ましくないことが起こると、全て大統領のせいだとして批判されます。グローバル化に起因し、一国の大統領では対応できないような問題ですら、大統領の責任だと言われてしまいます。これは、国民が大統領に対して大きな期待を抱いていること、国民が大統領が大きな権限を持っていると考えていることの裏返しです。

しかし、実際には、大統領は合衆国憲法に明示的に記されている権限しか行使することができないと、一般的に解釈されています。連邦議会が決定した法律を執行する際にある程度の裁量を利かせることはできますが、大統領は法案を提出することはできません。大統領令も法律を代替することはできず、あくまでも既存の法律の枠内で、行政部門が裁量を利かせる際の基準を示すためのものにすぎません。大統領が行った決定に対して、連邦裁判所が違憲判決を出すこともあります。好ましくない行動をとった大統領を罷免《ひめん》するための手続きも定められています。大統領が独裁者となることがないようにするための工夫が制度的に行われているのです。

アメリカの大統領は、果たしてどのような権力、権限を持っているのでしょうか。合衆国憲法の規定を確認した上で、その拡大の歴史的展開を追いたいと思います。

行政面では圧倒的な権力を持つ

合衆国憲法の制定者は、大統領に大きな役割を期待するものの、大統領に大きな権限を与えてよいものか、という矛盾する思いを抱いていました。

一面では、大統領にある程度大きな権力を集中させることが重要だという認識がありました。建国当初に、例えばイギリスなどから攻め込まれたと想定するならば、一つの国としてまとまって行動するためには大統領が大きな役割を果たす必要があると考えられたのです。

その認識は、合衆国憲法の第2条で、行政権は大統領に属すると規定されていることに表れています。日本では、日本国憲法第65条で行政権は内閣に属すると定められ、内閣を構成する諸閣僚による集団指導が想定されています。これに対してアメリカの場合、行政権は大統領1人に属することになっています。日本の場合、首相は「プライム・ミニスター」、すなわち、閣僚の中で一番重要な人という位置づけですが、アメリカの場合は大統領が「プレジデント」なのに対し、閣僚は「セクレタリー」、すなわち、秘書として大統領を補佐する役割だと位置づけられています。アメリカでは閣僚が何らかの発言をしたとしても、大統領がそれを覆せば大統領の決定が優位するのです。

大統領は、行政部の長として法律を執行することが期待されていますが、そのために必要な閣僚や高級官僚の任命を行うことが認められています。日本では高級官僚が時折政治家の決定を覆すほどの威厳を持つことがありますが、アメリカの場合は政策決定に大きな影響を及ぼし得る重要な官僚は、大統領が指名することになっています（その一部については連邦議会上院の承認が必要です）。大統領は行政部内では圧倒的に大きな権力を担うことができるのです。

三権分立と連邦制が権限を抑制

その一方で、大統領の権力が大きくなりすぎてしまうと、人々の権利を侵害する危険があるため、それを防止する必要があるという認識もありました。そのため、まずは二つの観点から制度的に大統領の権限を抑制しようと試みられています。その一つは機能的な分立、いわゆる「三権分立」であり、行政を主管する大統領と、立法を主管する連邦議会、司法を主管する裁判所を機構として独立させ、互いに抑制と均衡の関係に立たせることで、大統領が独占的に権力を行使するのを防ごうとしています。

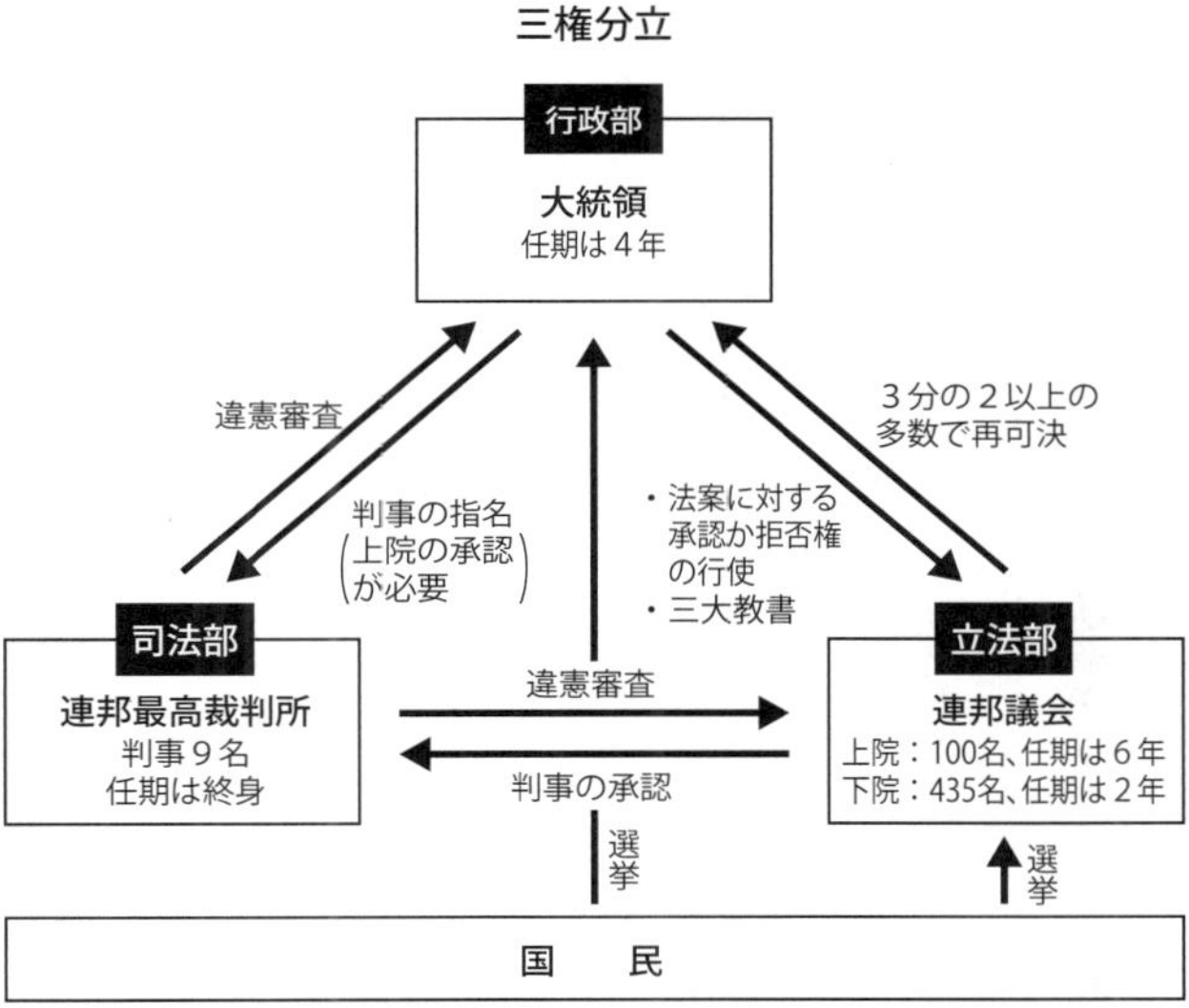
三権分立
行政部
大統領
任期は４年
違憲審査
判事の指名
（上院の承認が必要）
・法案に対する承認か拒否権の行使
・三大教書
３分の２以上の多数で再可決
司法部
連邦最高裁判所
判事９名
任期は終身
違憲審査
判事の承認
立法部
連邦議会
上院：100名、任期は６年
下院：435名、任期は２年
選挙
選挙
国　民

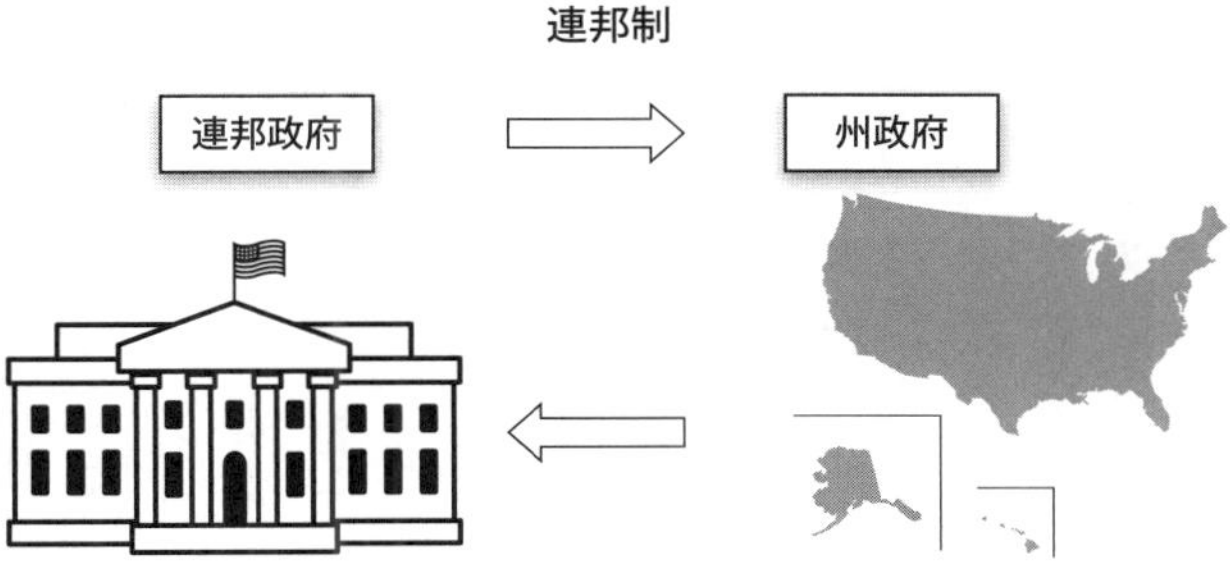
連邦制
連邦政府
州政府

もう一つは、空間的分立、すなわち「連邦制」によって州政府に大きな自律性を認め、連邦政府と大統領の権力を抑制しようとしています。これら二つの権力分立によって、大統領は合衆国憲法に明記されている権限しか行使することができないという原則を定めたのです。これに加えて、合衆国憲法では権利章典とも呼ばれる修正条項第1〜10条で人々の様々な権利を定め、大統領がそれを侵害することができないようにしています。

このように大統領の権限が制限されたのは、大統領が絶対王政下の君主のような圧倒的権力を持つ存在になるのを防ぐことが目指された結果です。

ただし、建国者が国民を信頼していたかというと、そういうことではありません。無知蒙昧な一般市民が、数の力にかまけて借金を帳消しにしろという徳政令的な要求を出しても困るという認識は強かったのです。建国者たちが理想としたのは、多数者の支配を意味する民主制ではなく、国王がいない中で人々の権利を尊重しつつも、公徳心を持つ人々が公共の利益の実現を目指す共和政でした。従って、連邦議会が数の力を背景に好ましくない決定をしようとした場合に、それを取り消すことができるように、大統領が法案に対して拒否権を発動できるようにしています。また大統領を選ぶ際にも、国民による一般投票ではなく、大統領選挙人が大統領を選ぶという間接選挙の方式を導入することによって、人々の要求が直接大統領に反映されるのを防いでいます。

2　歴代大統領の事例

ワシントンとジェファソンの自制心

歴代のアメリカ大統領の名前を思いつくまま挙げてほしいと言われると、何人思い浮かべることができるでしょうか？　建国期の大統領や20世紀以降の大統領の名前は、比較的多く思い浮かぶかもしれません。しかし、19世紀の大統領で多くの人が思い浮かべることができる人物は、トマス・ジェファソンとアンドリュー・ジャクソン、エイブラハム・リンカンくらいではないでしょうか。実はアメリカでも、19世紀の大統領についてはあまりよく知られていません。それは、19世紀の大統領があまり大きな役割を果たしていなかったことの表れです。

大統領が絶対王政期の君主のような存在になってはならないという、建国者たちの規範を前例として示したのが、初代大統領となったジョージ・ワシントンでした。大統領が大きな権限を行使してはならないというワシントンの自制心を象徴的に示していたのが、２期大統領を務めた後に自発的に大統領職から退くという前例を作ったことでした。この前

アメリカ第32代大統領、フランクリン・D.ローズヴェルト（任期1933年3月4日–1945年4月12日）。戦時下という理由でアメリカ政治史上唯一、4選を果たした

アメリカ初代大統領、ジョージ・ワシントン（任期1789年4月30日–1797年3月4日）。大統領職は2期までとし、のちにアメリカ合衆国憲法修正第22条によって法制化された

例に従わなかったのは、第二次世界大戦期に大統領を務めたフランクリン・D・ローズヴェルト（以下、F・ローズヴェルト）だけでしたが、1951年には合衆国憲法の修正第22条で大統領職は2期まで（副大統領から昇格し、その期間が2年に満たない場合は、それを加えることができます）しか続けてはならないと明確に定められました。

ワシントンは大統領を辞める際の告別演説で、アメリカがヨーロッパの腐敗から距離をとることが重要だとして孤立主義の方針を示しました。これも、対外政策において大統領が大きな権限を担うことを防止する役割を果たしたといえます。

同様に、大統領の権限を増大させるの

が好ましくないという考えを定着させたのがジェファソンでした。ジェファソンは、連邦議会に対して大統領が提出することになっている一般教書を、演説ではなく書簡で送付する伝統を作りました。大統領があまり明確に国家の大方針を示すと、連邦議会の意向を制約してしまうと懸念したのです。この伝統はトマス・ウッドロー・ウィルソン大統領の時に覆されるまで続きました。

またジェファソンは、大統領の拒否権についても、連邦議会の作った法律が明確に憲法違反のおそれがある場合を除いては発動するべきでないと考えていました。この妥当性については評価が分かれるところでしょう。とはいえ、大統領が大きな権限を果たすのは好ましくないという考え方を明確に示し、それを前例として示したのです。

アメリカ第3代大統領、トマス・ジェファソン（任期1801年3月4日–1809年3月4日）。大統領の権限の拡大を好ましくないという考えを持っていた

その結果、19世紀の間、大問題が発生した場合を除いて大統領が前面に出ることはありませんでした。仮に内政面で何らかの対応が必要になったとしても州政府が中心的な役割を果たすべきであるし、また万が一、連邦の次元で行動が必要な場合でも、

アンドリュー・ジャクソンを専制君主に見立てた風刺画。1833年9月、大統領が合衆国銀行から連邦預金を取り上げるよう命じたことへの抗議の意が込められている。写真＝アメリカ議会図書館

アメリカ第7代大統領、アンドリュー・ジャクソン（任期1829年3月4日-1837年3月4日）。ホワイトハウスを一般開放するなど庶民出身者という親しみやすさをアピールした

大統領ではなく連邦議会が中心となるべきだという認識が一般的だったのです。

例外だったジャクソンとリンカン

もちろん、例外はあります。

第7代のジャクソンは、初の庶民出身の大統領として知られています。それまでの大統領はヨーロッパの名門出身でしたが、ジャクソンはそうではなく、第二次英米戦争で論功を上げた将軍でした。ジャクソンは庶民出身の大統領であることを前面に掲げ、大統領就任式では大統領が居住しているホワイトハウスを一般に開放するなどのパフォーマンスをしました。

この大きな背景には、１８３０年代には白人の男性の投票資格として財産権が課されることがなくなるなど、ジャクソニアン・デモクラシーの時代と呼ばれるような時代の雰囲気がありました。一般国民に直接訴えかけるというジャクソンの行動は、今日いうところのポピュリズムの初期の例であり、大統領権力の拡大につながる可能性もありました。しかし、それ以降の大統領は、そのような行動を自制しました。

もう一つの例外となったのは、リンカンでした。リンカンは１８６０年の大統領選挙で勝利した人物です。当時のアメリカはホイッグと民主党の二大政党制の時代でしたが、共和党から出馬したリンカンは、二大政党以外の第三の政党から出馬して大統領に就任した最初で唯一の人物です。

アメリカ第16代大統領、エイブラハム・リンカン（任期1861年３月４日-1865年４月15日）。大統領で初めて民兵を動員するなど、大統領権限を拡大した

リンカンは南北戦争という国家的な危機の時代の大統領であったこともあり、例外的に大きな役割を果たしました。例えば大統領で初めて民兵を動員したり、南部の港湾を封鎖したり、連邦政府に対する忠誠を疑われた人々を逮捕するなどの行動をとりました。これらの行動は今日では問題ない

とみなされるかもしれませんが、当時は合衆国憲法上の根拠がないとして批判されました。

実はリンカン自身も南北戦争の大きな要因となった奴隷制を廃止する権限を大統領は合衆国憲法上持っていないと考えていました。しかし、南北戦争が始まり、国家的危機に陥ると、大統領権限を拡大する必要があると判断したのです。憲法の規定を守ることによって国家を存立の危機に陥らせるのは好ましくないという認識を反映していたといえます。

これ以降も、アメリカが国家的な危機に直面した場合に大統領が憲法上想定されていると思われていた範囲を超えて権限を行使することはあり、連邦最高裁判所もそれを容認しています。しかし、国家的危機が終わり、平時になったと認識されると、連邦最高裁判所も大統領の権限拡大に歯止めをかけるというサイクルが存在します。大統領の権限をどのような条件ならば拡大してよいのかが議論されているのは、興味深いところです。

革新主義時代とシオドア・ローズヴェルト

シオドア・ローズヴェルト（以下、T・ローズヴェルト）とウィルソンの時代に、アメリカ大統領の権限は大きく拡大しました。19世紀の末から20世紀の初頭は、革新主義時代と呼ばれる変革の時代でした。科学技術が進歩し、自動車や鉄道などが発達した結果、それまでは州の内部で完結していたような経済活動が州の範囲を超えるようになり、連邦政府

アメリカ第26代大統領、シオドア・ローズヴェルト（任期1901年9月14日−1909年3月4日）。国民の利益に適うことであれば大統領が行った行為は違憲にならないと主張した

が様々な決定を行う必要が出てきました。例えば、車を右側通行にするか左側通行にするかを州が決めると、州の境で車が衝突する危険があるので、連邦政府が一律に右側通行か左側通行かを決める方が好ましいのです。このような問題への対応の必要を連邦最高裁判所も認め、合衆国憲法の州際通商条項を根拠に、連邦政府の役割を増大させました。それに伴って、大統領も大きな役割を担うようになりました。

T・ローズヴェルトは内政面に関しても外交面に関しても、国民の利益に適うことであれば大統領が行った行為は違憲にならないと主張し、国民に直接訴えかけることで大きな権限を行使したいと考えました。内政面では、とりわけ自然保護、消費者保護、企業独占を回避するためのトラスト征伐を積極的に行いました。

外交面に関しても、T・ローズヴェルトは世界に積極的に関与するようになりました。それ以前はワシントンの告別演説に加えて、ジェームズ・モンロー大統領が発したモンロー・ドクトリンによって、アメリカは孤立主義的な立場をとると宣言していました。モンロー・ドクトリンは、ヨーロッパに西半球に関与しないよう要請するとともに、アメリカがヨーロッパの問題には関与しないと表明したものでした。ただし、これはアメリカが西半球に関しては関与するという認識を示していたとも考えられ、T・ローズヴェルト以降の大統領は中南米をアメリカの裏庭と位置づけて関与するようになりました。

T・ローズヴェルトは連邦議会の許可を得ることなくパナマ運河を建設し、パナマ地域に艦隊を周遊させました。これはモンロー・ドクトリンのローズヴェルトの系論とも言われ、中南米地域をアメリカの裏庭と位置づけて関与することを認めさせたものです。また、T・ローズヴェルトは日露戦争の講和の仲介を行うことによってノーベル平和賞も受賞しました。

使命外交を重視したウッドロー・ウィルソン

これに続くウィリアム・ハワード・タフト大統領は大統領権限を拡大しすぎるべきではないという立場をとっていました。しかし、当時すでに連邦議会が大きな役割を果たす意志を示すようになっていたので、それに対抗する大統領としては弱過ぎるという批判が強くなりました。外交に関しては、タフトも経済面を強調することで中南米地域への影響力を増大させようとしました。T・ローズヴェルトの外交が棍棒外交と呼ばれるのに対し、タフトの外交はドル外交と呼ばれることがあります。

その後を継いで大統領になったウィルソンは、プリンストン大学の政治学の教授としての経歴も持っており、ヨーロッパの議会を念頭におきつつ、大統領を政党のリーダーと位置づけて、大統領の権力を増大させるべきだと考えていました。

ウィルソン大統領は、第一次世界大戦を終結させるためにヴェルサイユ条約を主導し、国際連盟の創設を提唱しました。アメリカの優れた理念を世界に拡大することが大統領の使命だという認識を持っていたことから、ウィルソン大統領の外交は使命外交もしくは宣教師外交と呼ばれています。

アメリカ第28代大統領、ウッドロー・ウィルソン（任期1913年3月4日–1921年3月4日）。大統領を政党のリーダーと位置づけ、大統領の権力を増大させるべきだとした

ただし、ウィルソンは大統領が示した方針に連邦議会は当然従うだろうという考え方が強すぎたせいで、国内での説得を十分に行わなかった結果、連邦議会上院はヴェルサイユ条約を批准せず、アメリカは自らが提唱した国際連盟に加盟することができませんでした。とはいえ、

ウィルソン大統領の頃には、ワシントンやジェファソンが強調した連邦政府の権限拡大を阻止するという考え方はもはや有力ではなくなりました。

フランクリン・ローズヴェルトとニューディール、第二次世界大戦

アメリカ大統領の権限を大きく拡大したのが、F・ローズヴェルト大統領でした。1932年の大統領選挙で勝利したF・ローズヴェルトは、1929年に発生した大恐慌という未曽有の惨事に、連邦政府の権限を拡大することによって対処しようとしました。政権発足当初から、連邦政府はテネシー川流域開発公社（TVA）に象徴されるような様々な公共事業を行うことによって経済を活性化しようとしました。また、連邦政府が社会保障法を制定し、困窮者の生活を支援するための公的扶助政策を行ってみたり、年金を制度化したりすることによって、国民の生活を直接的に救済しようとしました。

このような連邦政府の活動は合衆国憲法制定当初には想定されていませんでしたが、F・ローズヴェルトの要請を受けて、連邦議会は法律を制定しました。他方、連邦最高裁判所は連邦政府が州際通商条項を根拠としてこれらの措置をとることはできないという判断を示し、初期のニューディール政策に対して違憲判決を出していました。しかし、途中から州際通商条項ではなく支出条項を根拠にするならば連邦政府の権限拡大を容認するこ

とができるという立場を示すようになり、大統領の権力行使にお墨付きを与えました。

対外政策に関しても、ヨーロッパだけでは第二次世界大戦を終結させることができない状況になり、アメリカがヨーロッパと世界の戦争に関与することになりました。その過程で、行政部門が役割を増大させていきましたが、戦争によって拡大した行政部門の人員と予算は、戦争終結後も戦前の水準にまで下がることはありませんでした。その人員と予算は軍を整備し維持するためにも使われましたが、福祉国家の拡充にも転用されました。

1933年、ニューディール政策の一環としてTVA法を成立させ、テネシー川流域開発公社を設立したF.ローズヴェルト（写真中央）

第二次世界大戦終了後、世界は冷戦と呼ばれる時代に突入しましたが、アメリカでは、国際政治上はアメリカの地位を向上させ、内政面ではマイノリティなども含めて人々の生活を向上させることが重要だという、冷戦コンセンサスと呼ばれる認識が一般化しました。対外的役割拡大と、国内における

1945年２月にソ連のヤルタで行われた会談（ヤルタ会談）に参加したイギリスのウィンストン・チャーチル首相、アメリカのF. ローズヴェルト大統領、ソ連のヨシフ・スターリン首相（写真左から）

福祉国家化、公民権整備が目指された結果、大統領権限は大きく拡大していきました。

このような、積極的な役割を果たすようになったアメリカの大統領を以前と対比させる形で、現代大統領制と呼んでいます。F・ローズヴェルトが12年にわたり大統領を務める中で、直面する様々な重要課題に解決策を提示するようになったことから、大統領が政治の主導権を握ることが多くの人によって当然と考えられるようになりました。大統領の職務を補佐する大統領府が設置されたのもこの頃のことです。

なお、F・ローズヴェルト政権の下で権限を増大させた連邦政府がアメリカの抱える問題を積極的に解決すべきだと考えた人々は、リベラルと自称しました。アメリカのリベラルは、ヨーロッパでいうところの社会民主主義に近いものとなっています。これに対し、連邦政府の権限を拡大することに反発し、とりわけ経済面で小さな政府を提唱する人々は、保守と称するようになりました。このリベラルと保守の対立は今日のアメリカ政治を大きく規定しており、保守の立場から大統領権限の拡大に反対する人々も存在します。

アメリカ第36代大統領、リンドン・ジョンソン（任期1963年11月22日-1969年１月20日）。国民の生活の質を高めるべく、医療問題や教育制度改革、人権擁護を積極的に推進した

アメリカ第37代大統領、リチャード・ニクソン（任期1969年１月20日-1974年８月９日）。泥沼化するベトナム戦争の局面打開に向け、中国との関係改善を目指し、1972年２月に毛沢東との会談を行った

大統領権限は「偉大な社会」の実現と「貧困との戦争」を掲げたリンドン・ジョンソン大統領と、続くリチャード・ニクソン大統領の時代に大きく拡大しました。この時代は、対外政策面ではベトナム戦争の時代で、連邦議会の出したトンキン湾決議によって白紙委任が与えられたことを受けて、大統領があまりにも権限を拡大させすぎたのではないかとの批

判がなされました。そのような状態を、歴史家のアーサー・シュレジンガーは、帝王的大統領制と評しました。

3　大統領権力が直面するジレンマと克服方法

連邦議会と裁判所からの権限拡大の歯止め

大統領権限が大きく拡大したニクソン政権期に、ウォーターゲート事件が発生しました。再選を目指したニクソン大統領が、民主党本部があったウォーターゲート・ビルに人を侵入させて盗聴器を仕掛けようとし、またホワイトハウス内部にも盗聴器を仕掛けていたことが暴かれた事件です。この事件を機に、大統領権限の肥大化に対する懸念が示されるようになりました。また、連邦最高裁判所も連邦議会も、無制限に大統領権限を増大させるのは好ましくないと考えるようになりました。

今日のアメリカの二大政党の性格は大きく異なっています。民主党は大きな政府の政党だと言われることが多いですが、福祉国家の拡充、公民権の拡大を目指して連邦政府が大きな役割を担うことを重視します。その一方で、モラルに関する事柄については、政府は介入せずに個人の意思を尊重する態度をとっています。人工妊娠中絶や同性婚は当事者の判断を容認し、マリファナの利用にも寛容な立場をとる人が多いです。これに対し、共和党は経済的な意味では小さな政府の実現を目指しますが、人工妊娠中絶や同性婚に関しては規制しようとするなど、社会的争点に関しては大きな政府を志向します。

政治・社会の分断が進み、二大政党の対立が激化する傾向が鮮明になっている状況のなかで、大統領の所属政党と連邦議会の多数党が異なるような状況にあっては、大統領の権限を無制約に拡大させるのは好ましくないという認識が一般的になっています。冷戦コンセンサスもなくなった今では、現代大統領制の時代の後の時代ということで、ポスト・現代《モダン》大統領制という表現をする論者もいます。

大統領の権力を制約しようとする際に活用されるのは、やはり合衆国憲法の規定です。合衆国憲法の規定上、大統領は法案提出権を持っていません。法案作成の中心になる連邦議会が大統領の望む内容の法案を通さなければ、大統領は権限を行使できません。また、条約なども連邦議会の承認が必要です。憲法の規定を踏まえて、連邦議会や裁判所は大統領の行動に歯止めをかけようとしています。

例えば、２０２３年６月には、連邦最高裁判所は環境規制などに関して大統領がどの程度の影響力を行使することが許されるかを審議しています。連邦最高裁判所では保守派優位の傾向が強まっていることもあり、大統領権限をめぐる議論が以後活発になる可能性があります。

政界勢力を説得する力が求められる

この状況は、大統領に困難な問題を突き付けています。大統領は様々な公約を掲げて選挙を戦いますし、国民も掲げた公約を大統領が実現するものと期待しています。法案提出権を持たない大統領が公約を実現するためにできることは、いずれかの連邦議会議員に法案を提出してもらい、上下両院で通過させてもらうことしかありません。

一般的にはアメリカの大統領は非常に大きな権力を持つと考えられがちですが、実際の権限は、韓国や中南米諸国の大統領などと比べると圧倒的に小さいのです。アメリカの大統領の権力は、日本などの議院内閣制の国の首相の権力よりも小さいのではないかと指摘する人もいます。議院内閣制の国の行政部の長は、議会の多数派によって支えられていますし、議会の構成員でもあるからです（詳細は第2章で検討します）。

これらの点を踏まえて、アメリカで長らく様々な大統領のアドバイザーを務めていたリチャード・ニュースタット[*3]という政治学者は、アメリカの大統領にとって一番重要な能力は、人々を説得する力だと主張しています。大統領は自らが提唱する政策の実現を目指す場合にも、首都ワシントンDCに居住する政界勢力、具体的には連邦議会の議員やスタッフの協力を得なければなりません。また、世論の支持を得る必要もあるため、メディア関係者の協力を仰ぐ必要もあります。政界勢力を説得する力が重要だということはしばしば見落とされがちですが、しっかり認識しておく必要があります。

歴史的な文脈を知るということ

仮に大統領が連邦議会を十分に説得することができない場合、大統領がとりえる戦略としては、国民に直接訴えかけることで、連邦議会が法案成立に向けて動かざるをえないような状況を作るという方法がありえます。大統領は、全国民を代表する唯一の公職者であることが、大統領の権威と権力の最大の源泉です。その威信を最大限に活用しようとするのが、この世論結集戦略の基礎にあります。しかし、この戦略は建国者が登場を恐れたデマゴーグ

＊3　リチャード・ニュースタット（1919年6月26日―2003年10月31日）は、政治学者であり、コーネル大学、コロンビア大学、ハーバード大学教授を歴任。ハリー・S・トルーマン政権、ジョン・F・ケネディ政権、リンドン・ジョンソン政権の顧問として政策決定に関わった。

を生み出す危険性もあるので、その適切性については、議論が分かれるところでもあります。アメリカ政治の当事者となるに際して、歴史を学ぶことは重要です。なぜならば、アメリカは建国期に作られた合衆国憲法が今でも採用されている国だからです。合衆国憲法は最古の成文憲法で、そこで掲げられている理念に立ち返れという主張は、保守派のみならずリベラル派によっても行われています。

保守派の中には憲法に関して原意主義という解釈が有力になっていますが、これは起草者や立法者が考えていたことを現在でも重視するよう提唱するものです。原意主義は、一昔前は異端に近い理論でしたが、今日では連邦最高裁判事の中にもその提唱者が複数存在します。このような立場から、大統領の権限を制約するべきだという主張が出てくる可能性があります。

思い起こせば、ジョージ・W・ブッシュ大統領は、2000年の大統領選挙の際に、社会福祉政策など様々な論争的な争点について見解を問われた際に、「そのような州の仕事に大統領を巻き込まないでくれ」と発言していました。大統領就任後には彼は大統領権限の増大を積極的に図り、批判を招きましたが、これもブッシュなりに、大統領が抱えるジレンマに対応しようとした結果なのかもしれません。いずれにせよ、大統領として執務する上では、自らを大きな歴史的な文脈の中に位置づけることが必要不可欠になるのです。

【コラム】ファーストレディ

ファーストレディは注目度の高い人物です。外国のリーダーのパートナーへのもてなしを担当することが多く、伝統的な「良き家庭」のイメージを体現する役割を期待されます。ローラ・ブッシュ（ジョージ・H・W・ブッシュの妻）は識字率向上、ミシェル・オバマ（バラク・オバマの妻）は食育というように、党派を超えて支持される社会活動に取り組むことも多いです。

例外的に政治的役割を果たした人物もいます。イーディス・ウィルソンは、ウィルソン大統領が脳卒中を発症して執務不能になって以降、多くの業務を非公式に代行しました。エレノア・ローズヴェルトは、足が不自由な夫の代わりに国内外を訪問し、新聞コ

脳卒中で左半身が麻痺していたウィルソン大統領をサポートする妻のイーディス

ラムやラジオ番組を担当し、政策や任命に助言を与えました。ヒラリー・クリントンは伝統的な価値観や家族の在り方に異議を唱え、イーストウィングにあるファーストレディ用オフィスとは別にウェスト・ウィングにもオフィスを構えて、国民皆医療保険実現を目指すタスク・フォースの議長も務めました。

　女性大統領が誕生すると、ファースト・ジェントルマンも登場することになります。２０１６年選挙の時には、ヒラリーが大統領になったら、元大統領のビル・クリントンがファースト・ジェントルマンの役目を果たすのか、副大統領候補だったティム・ケインの妻に頼むかが話題になりました。いずれ、大統領の配偶者の役割も大きく変化することになりそうです。

トルーマン大統領の出身地、ミズーリ州インディペンデンスを訪問するエレノア・ローズヴェルト

第2章
連邦議会と行政部門との関わり

連邦議会議事堂の内部

1　大統領と連邦議会との関係

権力の抑制と均衡を図る三権分立

アメリカの建国者たちは大統領がヨーロッパの絶対王政下の君主のような存在になることを避けなければならないという意識を強く持っていました。大統領に公徳心を持つ立派な人を選ぶことは重要です。しかし、善意の人も、何かのきっかけで心変わりするかもしれません。どのような人物が大統領に就いた場合でも決して独裁者になることができないように、制度的にその権限を抑制してしまおうと考えたのが合衆国憲法の特徴です。その中で重要な意味をもつのが、連邦議会と大統領を制度的に分立させ、その両者に裁判所を加えた三つの機構を互いに抑制と均衡の関係に置くことです。

権力分立とは「separation of powers」だと説明されることが多いでしょう。しかし、アメリカで多くの大統領の顧問を務めた政治学者のリチャード・ニュースタットは、アメリカの統治機構は権力を分有する異なる機構から成っていること（separated institutions sharing powers）が最大の特徴だと説明しています。権力分立とは、立法権、行政権、司法権を分立させることだと言われますが、実際に分立しているのは、それぞれの権力を主管する機構なのです。

例えば立法は、連邦議会の上下両院が同じ内容の法案を可決した後、それを大統領が承認して、初めて成立します。仮に、連邦議会が数の力に任せて借金を帳消しにする徳政令を出したとしても、それが国益に適うと考えられない場合には、大統領が拒否権を発動することができます。また、裁判所は法律の内容が憲法に合致しないと考えた場合には違憲判決を出します。このように、立法は連邦議会のみで完結するのではなく、成立するには大統領の承認が必要ですし、裁判所によって覆されることもあるのです。連邦議会、大統領、裁判所のいずれかの機関が独占的な権力を持つことがないようにしたのが、合衆国憲法の特徴です。

連邦議会に提出する大統領の「三大教書」

大統領選挙の際に、大統領候補は様々な公約を掲げて選挙戦に臨み、有権者もその実現を望みます。しかし、大統領は法案を提出する権限を持っていません。したがって大統領は、このような法律を作ってほしい、その政策を実施するために必要な予算を通してほしいと連邦議会に依頼する必要があります。

大統領が連邦議会に依頼を出す場合、一般的には教書という形をとります。「一般教書」「予算教書」「大統領経済報告」の三つが、「三大教書」と呼ばれています。このうち大統領経済報告は、大統領府に設置された経済諮問委員会が準備して現在の経済状況を説明するものです。残りの一般教書と予算教書が、主に連邦議会への依頼を念頭において出されます。

一般教書は、多くの場合2月に出され、国家がどのような状態であるかの認識を大統領が示すものです。下院議長が大統領を招待して、下院の議場で大統領が演説する形で発表するのが一般的です。アメリカは現在このような状態にあり、このような対策が必要だと考えるため、このような法律を作ることを議会に要請すると示すのが一般教書の狙いです。予算教書は、様々な施策を行うためにこれだけの費用が必要となるので、予算を組んでほしいと依頼するものです。

ただ、一般教書も予算教書も法的拘束力を持ちません。連邦議会は一般教書と予算教書の内容は踏まえつつも、独自に法案と予算案を作ります。教書がそのまま法律になるわけではないのです。２０２０年にはトランプ前大統領が一般教書演説を行った後に、当時のナンシー・ペロシ下院議長がその原稿を破り捨てたことがあるほどです。

とはいえ、連邦議会は一般教書と予算教書を全く無視してよいわけではありません。なぜなら、大統領が拒否権を持つからです。一般教書や予算教書は、大統領から連邦議会に対するメッセージです。大統領が全く望まない内容の法案を連邦議会が作ったとしても、大統領が拒否権を行使すれば当該法案は法律にはなりません。大統領の拒否権を乗り越えて法律を成立させることは可能ですが、連邦議会上下両院でそれぞれ３分の２以上の支持

2020年、トランプ大統領が一般教書演説を行った後に、当時のナンシー・ペロシ下院議長がその原稿を破り捨てた。写真＝ロイター／アフロ

を得て法案を再可決する必要があります。現在、特定の政党が議会の３分の２以上の議席を占有することは難しいので、大統領の方針を反映した法案にしない限りは法律が成立しません。拒否権が立法に関する大統領の大きな権力資源になっているのです。

ただし、連邦議会が拒否権に関連して大統領に嫌がらせをすることも可能です。例えば、全体としては国民の支持は強いものの、大統領に受け入れ難い内容の条文が法案に入っている場合、大統領は拒否権を行使するか、承認するかを迫られることになります。一部の条文についてのみ拒否権を行使するということは大統領に

は認められていないのです。拒否権を巡って大統領と連邦議会は、様々な駆け引きを行っています。

2 分割政府

大統領制と議院内閣制

ここで、アメリカの大統領制の基本的な仕組みについて、日本の議院内閣制と比較しながら確認しておきましょう。

日本では、行政部の長である首相を国民が直接選ぶ仕組みにはなっていません。国民が選ぶのは立法部門を構成する国会議員のみで、国会議員が議員の中から首相を選ぶことになっています。また、憲法の規定上、閣僚の過半数は国会議員でなければなりません。日本では、行政部門と立法部門で重要人物が兼職することを前提にしているのです。日本の議院内閣制は、実は権力分立ではなく、行政部と立法部の権力の融合を特徴としています。

一方、アメリカの場合は、行政部の長である大統領も、立法部の構成員である連邦議会

アメリカの大統領制と日本の議院内閣制

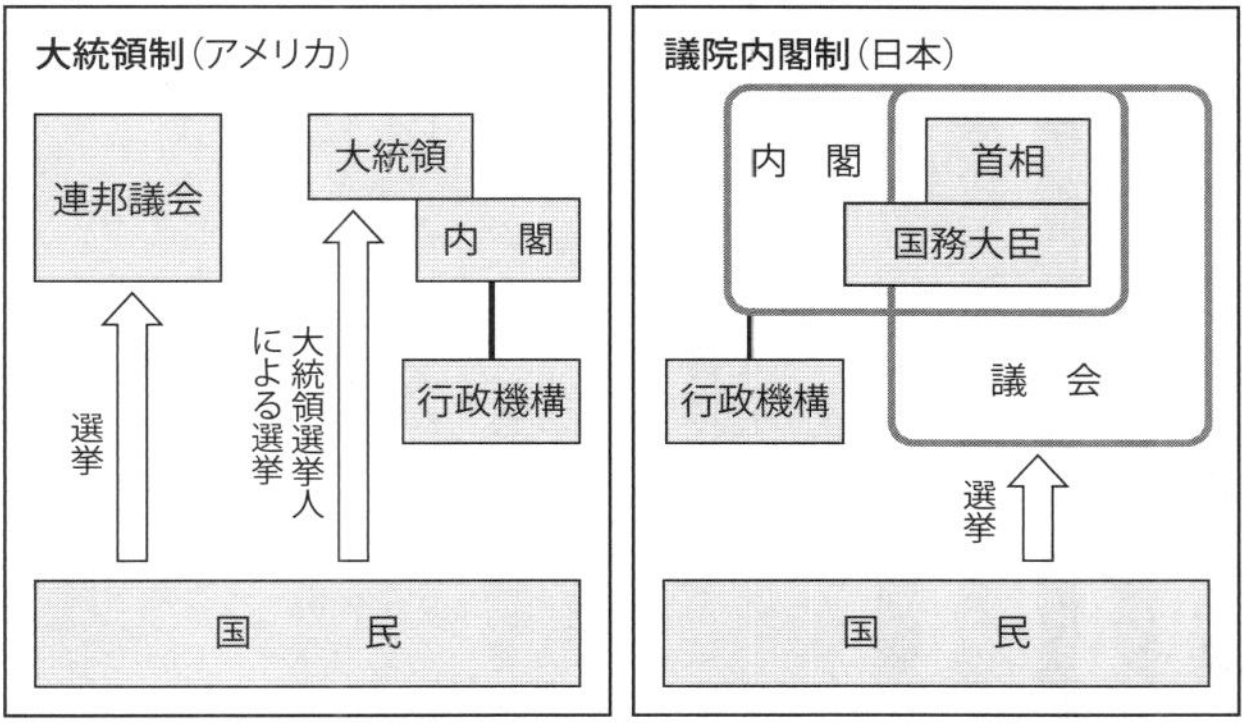

議員も、それぞれ選挙で国民から選ばれることになっていて、立法部門が行政部門の人員を選出するわけではありません。また、行政部門と立法部門の人員の兼職は認められていません（副大統領は上院議長を兼ねることになっていますが、基本的には議会活動に参加しません）。例えば大統領が上院議員を閣僚に任命すれば、その人は閣僚に就任するためには議員を辞める必要があります。アメリカの権力分立は厳格なのです。

この違いは政治的に重要な意味を持ちます。議院内閣制の場合は国会の多数党の党首が首相に選ばれるのが一般的なので、多数党には行政部門を支える責任が生じます。そのため、首相が大きな方針を出した場合に、それを実現するために、多数党の議員に党議拘束がかけられるのが当然とされます。これに対してアメリカの場合は、連邦議会が大統領を支える必要はありません。大統領と同じ政党に属する人物でも、仮に大統領が失敗をした場合には大統領を批判することが期待されています。彼らが大統領を支えるのは、政策に賛同する場合を除けば、自らの再選や地位向上に有益と判断した場合なのです。日本流の党議拘束を想定するのは容易ではありません。

大統領制と議院内閣制という制度的な違いによって政党の性格に違いが表れるのです。大統領は自党の政治家からの協力が当然に得られるとは想定できません。他党の政治家から協力が得られる可能性もあり得ますが、その確率はあまり高くありません。望むような政治的帰結を得るためには、大統領は様々な工夫を行う必要があるのです。

分割政府の下で政治は停滞するか？

大統領制の下では、分割政府が発生する可能性があります。アメリカでは連邦議会の上下両院の議員と大統領は、全て別個の選挙で選ばれます。大統領の所属政党と上院多数党、下院多数党の三つが全て一致する場合を統一政府と呼び、ズレがある場合を分割政府と呼びます。アメリカでは、分割政府は頻繁に発生しています。

問題なのは、分割政府の場合に政策過程が停滞する可能性があるということです。日本では、衆議院と参議院の多数党が違う「ねじれ国会」と呼ばれる現象が発生した際には、国会が実質的に機能しなくなり、法律は全くと言っていいほど成立しませんでした。アメリカの場合は議会両院の政党がずれる可能性に加えて、上下両院の多数党が同じ場合でも大統領の所属政党が違うことがあり得ます。

1980年代以降から現在までの多数派政党

選挙年	大統領	上院多数党	下院多数党
1980年	ロナルド・レーガン（共和）	民主	共和
1982年	ロナルド・レーガン（共和）	民主	共和
1984年	ロナルド・レーガン（共和）	民主	共和
1986年	ロナルド・レーガン（共和）	民主	民主
1988年	ジョージ・H. W. ブッシュ（共和）	民主	民主
1990年	ジョージ・H. W. ブッシュ（共和）	民主	民主
1992年	ビル・クリントン（民主）	民主	民主
1994年	ビル・クリントン（民主）	共和	共和
1996年	ビル・クリントン（民主）	共和	共和
1998年	ビル・クリントン（民主）	共和	共和
2000年	ジョージ・W. ブッシュ（共和）	共和	民主
2002年	ジョージ・W. ブッシュ（共和）	共和	共和
2004年	ジョージ・W. ブッシュ（共和）	共和	共和
2006年	ジョージ・W. ブッシュ（共和）	民主	民主
2008年	バラク・オバマ（民主）	民主	民主
2010年	バラク・オバマ（民主）	民主	共和
2012年	バラク・オバマ（民主）	民主	共和
2014年	バラク・オバマ（民主）	共和	共和
2016年	ドナルド・トランプ（共和）	共和	共和
2018年	ドナルド・トランプ（共和）	共和	民主
2020年	ジョー・バイデン（民主）	民主	民主
2022年	ジョー・バイデン（民主）	民主	共和

分割政府になれば法律が通りにくくなるのではないか、政策過程は停滞してしまうのではないかと危惧されるのは当然です。さらに厄介なことに、二大政党は政治の停滞の責任は他党にあると主張するため、混乱と分断がさらに深刻化することもあります。

かつては、分割政府の際にも統一政府の際にも重要法案の成立数はほとんど変わらないという説が有力でした。分割政府の時の方が、政策革新が起こりやすくなるという説すらありました。アメリカの政党では党議拘束がかけられるわけではありません。分割政府の時期であっても、立法上の業績をあげなければ連邦議会も大統領も批判されてしまうため、二大政党の双方の支持者から支持が得られるような、独創的で斬新なアイデアを提起する人が出てくる可能性があるとされたのです。

しかし、今日では事情が変わっています。法律の成立件数を見ると、オバマ政権期の分割政府の時期であった２０１１年から２０１２年には年間平均して２８０本ほどの法律が成立していましたが、２０２３年に成立した法律は30本でした。これは、２０２１年、22年の2年間の年平均より8割も少ないです。

アメリカにおいて政治・社会の分断傾向が強まり、二大政党の対立が激化していること、そして二大政党の議席差が小さくなっていること、自党と他党の違いを明らかにしようとする傾向が強くなっていることなどが重なった結果、分割政府の時代には法律が通らなくなっているのです。

政治的混乱は統一政府の時代にも生じることがある

法律が通らず政策過程が停滞し、その原因が大統領にあるとはいえない場合でも、国民の不満が大統領に向かう可能性があります。分割政府下では責任の所在が明確になりにくいですが、国民もメディアも批判しやすいターゲットを求める傾向があります。大統領はどのような状態であっても政権を運営する必要がありますし、国民は大統領に変革を期待しています。

そのような場合、大統領は大統領令を出すことで問題の解消を図る可能性があります。第１章でも指摘したとおり、大統領令は連邦議会が作った法律に矛盾しない内容でなければならないので、国民の期待に十分に添えないことが多いです。仮に既存の法律をある程度乗り越えて国民の意向を実現しようとしても、分断が鮮明になっている現状では、大統領令が法律や憲法に違反しているとして、州政府や利益集団から訴訟が提起される可能性があります。その結果、連邦政府が訴訟対応に忙殺される危険もあります。

政治的な混乱は、何も分割政府下のみで起こるわけではありません。統一政府の時代にも、政治的混乱は発生します。アメリカの政治・社会の分断傾向が強まり、二大政党の対立が激化し、二大政党の議席差は小さくなっています。政党規律が強まり、他の政党の提案に乗る議員がほとんどいない状態になっているため、二大政党ともに党内の全議員の賛同を得る必要があります。その結果、党内の極端主義者や、地域に特有の利益・関心を持つ政治家の影響力が大きくなります。このような状態では、少数の政治家の意向に議会全体が左右されてしまい、法案の成立数が減少してしまいます。その結果、国民の不満はさらに強まり、その不満が大統領に向けられることも多くなります。

連邦政府の一時閉鎖

行政部と立法部の対立が明確化した結果、政府が停滞した事例をみてみましょう。これらは多くの場合は政党間の対立を反映したものですが、大統領と連邦議会の対立が背景にあります。

まず近年大きな注目を集めたのが、連邦政府の一時閉鎖問題です。予算は法律として成立させる必要があるので、連邦議会の上下両院で同じ内容の予算案を通し、大統領の承認を得る必要があります。アメリカでは新しい会計年度は10月に始まるため、9月末までに新会計年度の予算を通すことが望まれます。しかし、近年では会計年度が始まる前に予算が通っていることはまずありません。

興味深いことに、トランプ政権期には、統一政府の状況であるにもかかわらず予算が通過せず、連邦政府が閉鎖したことがありました。２０１６年大統領選挙の際にトランプは、アメリカとメキシコとの国境に壁を作ると公約し、そのための予算をつけるよう連邦議会に求めました。しかし、共和党が多数を占める連邦議会は、その予算を計上しませんでした。そのため、共和党多数議会が作成し通過させた予算案に対し、同じ共和党のトランプ大統領が拒否権を発動したのでした。これは、政治の混乱が党派対立だけでなく、大統領と連邦議会の対立によっても起こることを明らかにしています。

予算が通らないと、連邦政府は資金を使うことができなくなり、職員も仕事ができないため、政府は一時閉鎖するより他ありません。その結果、例えば連邦政府が管轄している国立公園は閉まってしまいます。パスポートの発給や出入国管理のような業務も、管理職の人だけで最低限度に行うことになります。

近年では予算を成立させるのが難しくなっているため、期間を定めて暫定予算を組み、ある程度の行政活動ができるよう試みられています。しかし、暫定予算の期間が終了した際に、また政府が一時的に閉鎖する可能性があるため、この点をめぐって、二大政党並びに大統領と連邦議会が対抗関係に立つのです。

通商政策に関する決定も制限される

分割政府が政治を停滞させるという懸念は、内政だけではなく対外政策にも及んでいます。かつては内政上の混乱はあっても、それは対外政策にはさほど波及しないと指摘されていました。しかし、近年では状況は変わりつつあります。

例えば通商政策については、内政と密接な関わりのある分野なので、内政と同様の混乱が起こりやすいと言えます。通商交渉は、大統領を中心とする行政部が行っています。しかし、合衆国憲法は大統領ではなく、連邦議会に通商権限を与えています。そのため、大統領は連邦議会が授権する範囲でしか通商政策に関する決定を行うことができないのです。

伝統的に連邦議会は、行政部に時限立法の形で権限を付与してきました。例えば1974年通商法で関税及び非関税交渉権を大統領に移譲し、その名称は2002年に貿易促進権限(TPA)に変更されました。これは議会が政府に通商交渉の開始および交渉内容に関する報告と協議を義務付けました。政府がその義務を果たした場合、議会は協定に修正を加えることはできず、政府の締結した通商協定の実施法案を迅速に審議して、賛否の決定だけを行うことになっていました。しかし、TPAは2007年に失効して以降2015年6月まで復活せず、これがオバマ政権が環太平洋パートナーシップ協定(TPP)を推進する上で大きな障害となりました。

大統領とその所属政党は伝統的に自由貿易を推進する傾向がありますが、オバマ政権の方針に反発した共和党多数議会が大統領の足を引っ張ったのでした。

軍事安全保障面でも連邦議会が足枷になりつつある

次に、軍事安全保障について考えたいと思います。軍事安全保障政策をめぐっては、伝統的に連邦議会の議員は、大統領に権限を委ねる傾向が強いとされてきました。戦争などの国家的危機に際しては、国民が大統領が重要な役割を果たすことを期待する傾向が強いことが背景にあります。また、安全保障は多くの議員の再選に役立たない争点でもあります。国民は、安全保障上の問題がなく平和であることを当然の前提と考えているので、平和のために貢献したと言っても当たり前のことをしているに過ぎないと考えられて票を得られない可能性が高いのです。このような事情から、連邦議会は軍事安全保障政策について大統領にその決定を委ねるのが一般的になっていました。

しかし、近年では状況が変わってきています。共和党内でフリーダム・コーカス[*1]が存在感を増すようになると、財政支出拡大に反対という理由から、外国への関与に対しては消極的な姿勢をみせるようになりました。また民主党内でも左派は外国のことに関心を持たなくなっています。このような状況で、大統領が軍事安全保障政策を展開しようとしても、イスラエルに関するような場合を除き、連邦議会は反対するようになっています。バイデン政権はウクライナ支援に積極的な立場を示していますが、共和党が多数を占める連邦議

＊1　フリーダム・コーカス：保守強硬派。共和党下院議員によって構成される議員連盟のこと。2015年、ジム・ジョーダンら保守強硬派議員9名によって設立された。

会下院は消極的になっています。

大統領令の効果は限定的

このように連邦議会と大統領の協力が見込めないにもかかわらず、国民が変革を求める状況では、大統領は大統領令を出すよりほかなくなります。しかし、アメリカの大統領令の効果は限定的です。国によっては大統領令は、国家の危機的状況を想定して制度化されており、法律を無視して実施することが可能になっている場合もあります。しかし、アメリカの場合は大統領令は法律を代替、あるいは超越するものではなく、あくまでも行政部門を律するためのものです。

行政部は立法部が中心となって作った法律の内容を実施するのが基本的な仕事です。しかし、議会は予算に比べて莫大な量の仕事をするよう求める法律を作ることが多いです。そこで、政策執行の優先順位をつけることを目的として大統領令が出されるのです。法律上の根拠がないものを大統領令で行うことはできません。しかし、大統領はそのすれすれのラインを目指して大統領令を出そうとすることもあるため、高頻度で訴訟が提起されるのです。

大統領令は、実は、以前から頻繁に使われていました。有名なところでは、積極的差別是正措置[*2]は大統領令で実施された政策です。1960年代の公民権法、投票権法などは連邦議会が作り、大統領が承認した政策ですが、積極的差別是正措置についてはケネディやジョンソンが大統領令で実施し、それ以降歴代の政権も実施してきたのでした。

行政協定は破棄される可能性もある

行政協定も、大統領が単独で結んでくるものです。条約の場合は、大統領が結んできても連邦議会上院がそれを認めない場合は効力を持ちません。そのため、最近の大統領は通商政策などについて、条約ではなく行政協定を結んでくるのです。有名な自由貿易協定（FTA）に北米自由貿易協定（NAFTA）があります。

しかし、行政協定は、あくまでも大統領が単独で結んできたものなので、大統領が変わった場合には覆される可能性があります。例えばレーガン政権は、国連教育科学文化機関

＊2　積極的差別是正措置：社会的弱者に対する差別を是正するため、進学や就職や昇進においてとられる措置。アファーマティブ・アクションとも呼ばれる。1961年にケネディ大統領による大統領令で初めて導入された。連邦政府や、連邦政府と契約する企業の人材採用について「人種や国籍にかかわらず平等に扱う」ことを求めた。1965年にジョンソンが大統領令でこれを更新し、「人種、肌の色、宗教、性別、出身国に関係なく、応募者が雇用され、従業員が雇用中平等に扱われることを保証するために積極的な行動を取る」ことを要請した。

（ユネスコ）が過度に政治化していることを批判して脱退しました。またジョージ・W・ブッシュ政権は環境規制を定めた京都議定書から離脱しましたし、国際刑事裁判所設立に関する条約成立に向けてクリントン大統領が行った署名も撤回しました。トランプ政権は環境問題に関するパリ協定から離脱し、NAFTAをやめて米国・メキシコ・カナダ協定（USMCA）に変え、TPPと世界保健機関（WHO）から離脱しています。

このような形で以前の大統領が行ったことを覆すことが可能ですが、そのような対応は政策の一貫性を損なう可能性があります。場合によっては、大統領に過度な権限を与えているのではないかという懸念を生じさせることもあります。

3 行政部門

行政権も制約されることがある

大統領と立法部門との協働が困難になっている今日では、大統領令を出したり行政協定を結んだりするなどして、行政部門が単独で行動する必要性が高くなっています。

合衆国憲法は、行政権は大統領に属すると規定しており、大統領は行政部門内部で大きな権限を持っています。しかし、行政権についても、大統領が単独で全て自由にすることができるわけではありません。

例えば、大統領が条約を締結してきた場合、連邦議会上院がそれを承認しない場合は、条約は発効しません。第一次世界大戦時にウッドロー・ウィルソン大統領がヴェルサイユ条約を結び、国際連盟を創設するよう提唱したにもかかわらず、上院がそれを承認しなかったため、アメリカは国際連盟に参加できなくなりました。行政権は大統領に属するという合衆国憲法の規定の一方で、憲法の別の規定によって、行政権が制約されるのです。

大統領の人事権

大統領は行政部門を単独で律することになっていますが、その際には、政治任用が有効な武器になります。アメリカでは、政策に重要な影響を及ぼす決定権を持つような高級官僚は大統領が指名することになっています。大統領が指名した場合、相対的に地位の低い役人は無審査で任命されますが、省内の地位の高いメンバー、とりわけ閣僚などに関しては、連邦議会上院の承認を得る必要があります。

もう少し詳細に説明すると、大統領を支える行政部門は大統領府（ホワイトハウス）と省に分けることができます（その他の行政機関として、郵便公社などの公社もありますが、大統領から自律して行動しています）。大統領府は大統領を個人的に補佐する部門と位置づけられているため、そのスタッフの任命については連邦議会の承認は不要です。大統領府のスタッフは閣僚と比べて地位が低いという印象を持つ人もいるかもしれません。しかし、閣僚が大統領と会う頻度は高くないのに対し、大統領府の主要スタッフは日常的に大統領と会うため、閣僚以上に大きな権限が実質的に与えられることもあります。国家安全保障担当補佐官（NSA）などは、軍事・安全保障政策に圧倒的に大きな影響力を持ちます。

アメリカには15の省があり、例えば外交に関する事柄については国務省が、お金に関することは財務省が管轄しています。その中で、閣僚や日本でいうところの局長級の人事などについては、連邦議会の上院が承認権を持ちます（ただし罷免には制限はありません）。

大統領が指名した人物を、当該人物の適性というよりも政治的な意図から上院が承認しないという問題が、時折発生しています。大統領による指名後、何年も承認されなかった例もあります。また、バイデン政権期に軍の高官として指名された人物に対して、その人物に対する評価ではなく、軍において人工妊娠中絶のための支援が制度的に認められていることに対する反発から、当該人物の承認を拒否し続けた上院議員も存在しました。軍の高官に関しては、基本的には連邦議会での承認は全会一致を目指すべきという認識もあり、

アメリカの行政機構

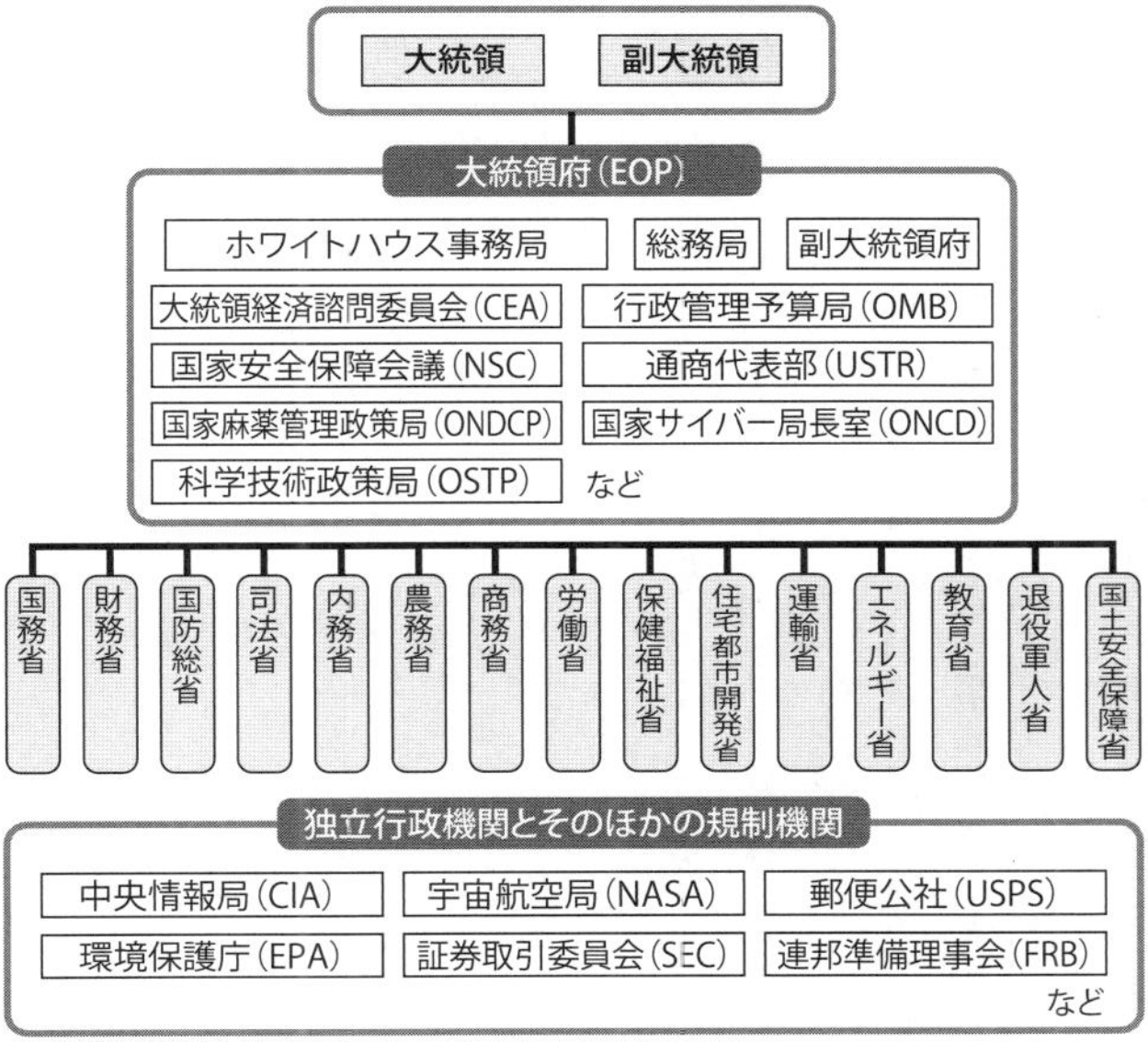

nikkei4946.comなどを参考に作成

軍の高官が承認されない異例の事態が続いたのです。

　大統領によって指名された人物は、利益相反の指摘などを回避するために前職を辞する場合が多いですが、何年も承認されないとなると、十分な収入を確保することができなくなります。

　このような事態を回避するために、有能な人物が指名を辞退する可能性も生じるため、人材の確保が困難になると懸念されています。

　その他、証券取引委員会や社会保障庁などの独立行政機関の高官については、連邦議会上院の承認が必要ですが、任期を長く固定されているとか、罷免が特定の事由に限られるなど、大統領の人事権が制約されているポストも存在します。

どのような人をスタッフに任用するか

政府高官にどのような人を任用し、どのような政権チームを組むかは、大変重要です。バイデン大統領のように連邦政界の究極のインサイダーといえるような人物ならば、誰にスタッフを務めてもらえばよいか、ある程度自分でわかるかもしれません。しかし、連邦政界の経験がない人は、何かを行う際にどのような手順をとればよいか、誰に接触すればよいかを知るためにも、ワシントン政治のインサイダーをスタッフに登用する必要があります。

大統領選挙で党の有力候補になっていく段階で、政治任用を目指す野心の強い人々が大統領候補に接近を試みてきます。彼らは選挙戦に協力してくれますが、その多くは論功行賞を求めているのです。それらの人がどの程度信頼に足る人か、ポストに適任かについて、政党の有力者に助言を求めることも必要になります。

連邦政界は自己利益の実現を目指して行動する人が多いため、仲間と思えた人物でも、常に協力してくれるとは限りません。悩みを吐露すると、それが公開されてしまう可能性もあります。機密情報を話した場合、情報漏洩をしたり、それを交渉材料にして取引を持ち掛けたりしてくるかもしれません。大統領は常に人に囲まれてはいますが、ある意味、非常に孤独な存在です。ハリー・トルーマン大統領は、「ワシントンで友達が欲しいなら犬を飼いなさい」という名言を残しています。大統領は閣僚やホワイトハウスのスタッフに心を割って話すことのできる人物を登用することができれば、大きな精神的な安定を得ることができます。

そのような事情もあってか、州知事出身の大統領は、州知事時代に自分を支えてくれた人物を連邦でも採用する傾向があります。ジョージア州知事出身のジミー・カーターの政権チームは「ジョージア・マフィア」、アーカンソー州知事出身のビル・クリントンの政権チームは「アーカンソー・マフィア」などと揶揄《やゆ》されました。しかし、連邦政界にも一定の不文律があります。州と比べて利害関係がはるかに複雑で様々な思惑で動く人々がいるため、彼らは政治家やメディア関係者と不要な対立を巻き起こして混乱の種となったともいわれています。

大統領の個性が反映される政権チーム

政権チームには様々なタイプが存在します。大統領の個性によって、どのような人物を政権チームに入れ、それぞれの人にどのような行動をとらせたいかが異なります。例えば、カーター大統領は、政権チーム内で多くの人が意見を出したとしても、最終的には全てを自分で決めようとしました。ホワイトハウスの中にあるテニスコートの予約の順番すら自分で決めたという逸話もあります。また、クリントン大統領は大学のゼミのようにメンバーに自由に語らせ、その内容を聞いて最終的な決断を下すことが好きだったと言われています。それに対して、ジョージ・W・ブッシュ大統領は、父親のジョージ・H・W・ブッシュ政権を支えた人物を登用することで対外政策の経験不足を補い、方針を決めた場合にはそれに完全に従わせることで、強い政権チームを作ったと言われています。

クリントン流の方式は、なかなか意見の一致が得られないため決定に時間を要することになります。逆に、大統領が全て決めることにすると、決定までの時間は短いですが、重要な点を見落としてしまう可能性もあります。大統領の個性と政権チームの在り方によって、政策決定のなされ方に違いが出てくるのです。

なお、政権チームに関しては多様性を確保することが重要な意味を持つという指摘もあります。アメリカにおいて政治任用は、マイノリティなどの政治的、社会的地位の向上を象徴するものと認識されることが多いです。民主党のクリントン、オバマ、バイデン政権は、マイノリティの登用に積極的でした。

「集団浅慮」が生じるおそれ

2001年１月26日、ホワイトハウスでコリン・パウエル国務長官の宣誓を受け、パウエル国務長官の話を聞くブッシュ大統領（中央）。右端はパウエルの妻アルマ。写真＝ロイター／アフロ

政権チームとの関係でしばしば指摘されるものが、集団浅慮（グループシンク）と呼ばれるものです。日本では「三人寄れば文殊の知恵」との諺《ことわざ》にあるように、３人以上の人が議論をすれば思いもよらない観点が出てきて良い結果につながると指摘されることが多いです。しかし、チームの人々が何度も顔を合わせて同じような議論をしていると、メンバーが物事に対する認識や偏見を共有してしまい、本来ならばじっくり検討する必要のある事柄を検討することなく見過ごしてしまうこともあるのです。

２００１年に９１１テロ事件が起った後、テロを行ったとされるアルカイダとの関わりが指摘されたイラクへの対応をジョー

ジ・W・ブッシュの政権チームが議論していた時に、ネオコンやドナルド・ラムズフェルドなどはタカ派的な態度をとって軍事介入を唱えました。それに対し、軍人出身のコリン・パウエルは、イラクに攻め込んでしまうと大変なことになるとして、再検討を迫りました。ジョージ・W・ブッシュ自身は強硬派と比べて交渉を重視すべきと考えていたといわれていますが、そこにはパウエルの影響もあったのではないかと予想されます。

2017年からのトランプ政権では、当初は連邦政界での経験が豊富な人々も登用されましたが、徐々にトランプから離反していき、トランプへの忠誠心の強い人物に置き換わっていきました。2024年大統領選挙に際して、かつてトランプ政権で副大統領や閣僚を務めていた人々が、トランプに大統領の適性はないと発言しているのは興味深いです。彼らは政権内部でトランプに異論を提起し、トランプの不評を買った人たちです。仮にトランプ政権がもう一度誕生することになれば、トランプは忠誠心の強い人物を中心に政権チームを組むでしょう。その際には、集団浅慮が発生する可能性が高くなるのではないでしょうか。

大統領に不測の事態が起きたら……

最後に、あまり想定したくないことですが、万が一大統領に不測の事態が起こったらどうなるか、考えてみましょう。

通常の大統領選挙を経て大統領に就任した人は、一般投票が行われる11月から政権発足日の1月20日正午まで、2か月以上の時間をかけて高官候補を決定することができます。しかし、大統領に不測の事態が起こって副大統領から大統領に昇格した人物には、そのような余裕はありません。F・ローズヴェルト大統領が急逝して大統領に昇格したトルーマンは、ローズヴェルトから重要な情報を提供してもらえず（原子爆弾の開発計画も知らされていませんでした）、政権内に親しい人もあまりいなかったといわれています。ローズヴェルトの死後に、ローズヴェルトの妻であるエレノアに「何かお役に立てることがあれば言ってください」と伝えた時に、エレノアが「それは私のセリフだ」と言ったという逸話もあります。しかし、トルーマンは政権を巧みに掌握して、大きな混乱なく政権を運営しました。

アメリカ第33代大統領、ハリー・トルーマン（任期1945年4月12日-1953年1月20日）。ローズヴェルトの急逝によって大統領に昇格したトルーマンは原爆開発などの重要な情報を大統領になってから初めて知った

２０２４年大統領選挙の民主党候補は、バイデンではなく副大統領のカマラ・ハリスに代わりました。縁起の悪いことを考えたくはないですが、万が一バイデン大統領の在任中に不測の事

態が起こり、ハリスが大統領に昇格する場合、短期間で政権運営を行う体制を整えることができるかを不安視する人もいました。真偽のほどはわかりませんが、ハリスは政権内に心を割って話すことができる人がいないのではないかと噂されたこともあります。もっとも、危機的な状況に陥れば目立っていなかった能力が顕在化したり、予期せぬ協力者が現れたりすることもあるため、不安は杞憂《きゆう》に終わるかもしれません。「ハリスはトルーマンになれるか?」――バイデン政権中に時折投げかけられたこれと同様の問いは、今後の副大統領についても問われることでしょう。

【コラム】重要性が増しつつある「副大統領」

副大統領は、大統領が死亡、辞任、免職などにより欠けた場合に大統領に昇格します。また、大統領が事故や病気などで一時的に職務遂行不能になった場合に、大統領権限を代行することになっています。大統領の代わりに儀式に参列したり、外交上の接受や表敬訪問を行うような職務が委ねられることもあります。

副大統領は連邦議会上院議長を兼務することになっているため、立法部と行政部の両方で役割を果たしうる唯一の人物です。ただし、可否同数の場合に議長決裁票を投じることはできますが、議院規則で議論に参加することはできないことになっています。近年では実際の議事進行は上院仮議長代行に委ねるのが一般的ですが、儀式としての重要性が高い業務、例えば大統領の一般教書演説が行われる際の上下両院合同会議では下院議長と共同議長の役割を果たしますし、大統領選挙の選挙人投票結果は上院議長としての副大統領に送付され、副大統領が集計と認証を命じます。

副大統領職は長らく閑職だと考えられており、初代副大統領のジョン・アダムズは「人類が発明した最も無意味な職務」だと嘆いたと伝えられています。実際、政策への関与が少ない場合も多かったようです。

ジョージ・W. ブッシュ政権期のディック・チェイニー副大統領。なお、ジョージ・H. W. ブッシュ政権時には国防長官を務めた

初代副大統領を務めたジョン・アダムズ。その後、ワシントンの後を継いで第2代大統領となった

しかし、近年では行政部門の重要性が増大する中、副大統領が重要な役割を委ねられる場合も増えています。ビル・クリントン政権期のアル・ゴアは、情報通信政策や環境政策で重要な役割を果たしました。ジョージ・W・ブッシュ政権期のディック・チェイニーは、就任当初から将来の大統領就任への関心を否定して大統領の信頼を勝ち取り、様々な実務を担当して「史上最強の副大統領」「影の大統領」との異名を得ました。バラク・オバマ政権期のジョー・バイデンは、政権内であえて異論を呈することで物事を多様な角度から眺めさせたり、上院議員時代の人脈を生かして連邦議会議員への説得活動を積極的に行いました。

ドナルド・トランプ政権期のマイク・ペンスも、大統領執務室のあるウェスト・ウィングにオフィスを構え、トランプと共和党主流派の橋渡しをするなど様々な役割を果たしましたが、2020年大統領選挙での敗北を受け入れないトランプと対立するようになり、2021年1月6日の連邦議会議事堂襲撃事件を強く批判しました。ジョー・バイデン政権のカマラ・ハリスは、バイデンから不法移民対応を委ねられるなどしましたが、十分な存在感を示すことができなかったとされています。

2024年大統領選挙の共和党候補であるトランプは高齢なため、不測の事態が起こる可能性は相対的に高く、副大統領候補のJ・D・ヴァンスに大きな注目が集まっています。

第3章

50州が決定権を持つ連邦制

アメリカ独立当初の13州と、現在の全50州を表す星条旗

1 連邦制と州政府

アメリカ合衆国は主権国家の集まりとして成立

連邦政府と州政府の関係を律する連邦制は、空間的な意味での権力分立の形態です。アメリカの建国者たちは、大統領権力が巨大になりすぎることがないように、州政府の権限を大きくすることにしたのです。

アメリカの連邦制について理解する上では、建国の歴史的背景が大きな意味を持ちます。アメリカは、独立革命の結果としてイギリスから独立することで建国したと指摘されることが多いですが、厳密に言うと独立したのは北東部を中心に存在していた諸植民地でした。マサチューセッツ植民地、ニューヨーク植民地などが、一旦ステイト（邦、国家）として独立したのです。その上で、それらの独立した諸国家が、例えば外国からの攻撃に効果的に対処するためには一つの国になる方が良いという判断の下、まとまって建国したのがアメリカ合衆国だったのです。

このように、アメリカは主権国家の集まりとして成立したため、アメリカの州政府の権

アメリカの諸州が世界のどの国と同じくらいのGDPなのかを表した地図

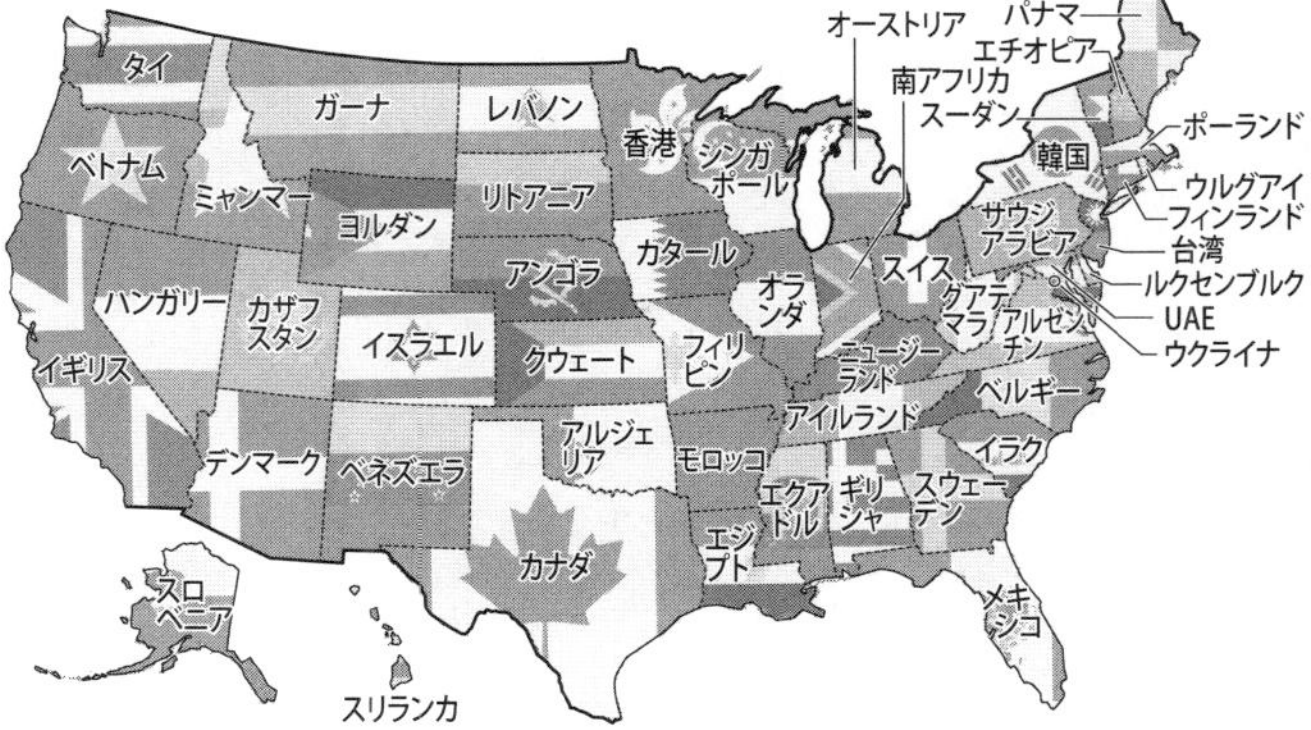

howMuch のサイトをもとに作成

限は非常に強いです。そして、日本で地方分権という場合とは、大きく前提が異なります。日本の場合は主権を持つのは中央政府のみであり、その権限が都道府県・市区町村に移譲されるという形をとります。アメリカの場合はもともと主権を持っていたのは州政府だという大きな違いがあるのです。

アメリカの諸州は建国期には主権国家だったと指摘しましたが、今日のアメリカの諸州も、独立した諸国家と同程度の経済規模を持っています。上図はアメリカの諸州と同程度のＧＤＰを持つ国を表示したものです。カリフォルニア州はイギリス、ニューヨーク州は韓国、テキサス州はカナダと同程度の経済規模を誇っています。仮にカリフォルニア州が国家として独立したならば、世界第6位のGDPを持つ国になるのです。他方、アメリカの州の中でもGDPが小さい州もあり、州間に大きな経済格差があることがわかります。

州の多様性と国家としての共通性とのバランス

アメリカ政治を考える大きな前提として、アメリカは広大な領土を持つ国であることを理解する必要があります。アメリカは本土だけでも日本の約25倍、その他地域も入れると26倍以上あります。アラスカとハワイは気候が全く異なります。本土の中でもカナダと国境を接する地域とメキシコと国境を接する地域では気候が全く異なります。都市化が進展して多種多様な人々が流入してきたニューヨーク市やロサンゼルスのような所と、人口移動がほとんどない農業地帯では、居住する人々の性格もかなり異なります。

このように、アメリカの州の多様性は高いです。アメリカでは州政府に対する連邦政府からの移転支出はもちろん存在しますが、州は基本的には財源を自主的に確保する必要があります。各州の産業構造は異なるため、連邦政府が採用する各種政策がもたらす影響も異なることになり、連邦の政策をめぐる駆け引きも大きな意味を持ちます。農業州と、かつての製造業の中心であったラストベルトと呼ばれる地域と、ハイテク企業が集まっているカリフォルニアでは、経済規模も産業構造も異なるため、政策的立場も全く異なります。通商政策を例にとると、新興国との競争に直面するラストベルトでは自由貿易に批判的な声が強いですが、農作物の輸出を希望する農業州では自由貿易を推進しようとする立場も強いです。

連邦議会の議員は、下院の場合は全50州を435に分けた個々の選挙区から選出されるため、特定の産業と近い立場をとることが多くなります。第2章で、アメリカの政党には日本的な意味での党議拘束がないことを指摘しました。それには様々な要因がありますが、地域的な多様性とそれに伴う産業構造の違い、社会的多様性も背景にあるのは間違いありません。

他方、上院議員は州全体を代表します。州全体として農業を基盤とする所では保守的な議員が、また、カリフォルニアなどのリベラルな州ではリベラルな議員が生まれやすいですが、都市部と農村部の両方を含む州で選ばれる議員の場合には、より複雑な政策的立場をとると考えられます。

アメリカの大統領は、全50州と非州地域（例えばプエルトリコやグアム、サイパン、首都ワシントンDCなど）も含めて、全てを代表することになっています。そのため大統領の場合は、より慎重な態度をとる必要が出てきます。ある意味、アメリカの大統領は全ての人に良い顔をするのが仕事だと言えます。これは、特定の産業にのみ目を向けていればよいことが多い連邦下院議員とは大きく異なるところです。大統領と連邦議会議員の立場が対立する背景には、選挙区の違いが存在することを理解する必要があります。

連邦制について考える上で重要な論点は、各州に代表されるアメリカの多様性と連邦政府全体の共通性のバランスをどのように考えるかということです。各州政府が独自に物事を決定したり異なった立場を表明したりすることをどのように評価するかによって、連邦制に対する評価も変わってくるのです。

まず、アメリカでは州のプライドが非常に高いということを理解しておく必要があります。建国期に各州がもともと主権国家として成立していたことを考えれば、それも当然と言えます。アメリカに旅行すると、「I LOVE NY」など、州を愛しているというメッセージを記したTシャツなどを着ている人を見かけます。全国党大会などで、演説者がどこかの州に言及すれば、その州と関わりの深い人は拍手します。また、連邦議会議員の中でも上院議員は下院議員と比べて尊敬される度合いが高いとされますが、それは州の代表者に対する敬意の表れです。これらのこともあり、州政府が独自性のある立場を示すことが重要だと認識されているのです。

他方、今日のアメリカではローカル・メディアが著しく衰退しています。多くの人々は情報を得る際にケーブルテレビ、ラジオ、ソーシャルメディアに依拠していますが、それらは党派性が顕著です。かつては地方紙などを読み、地域のことを第一に考える人も多かったのです。しかし最近ではそれが困難になり、多くの州の党派対立の性格が奇妙なまでに類似するようになっています。例えば、不法移民がほとんどいない州でも、大統領選挙の最重要争点は何かと問われると、移民問題だと回答する人が増えています。

一方では州ごとの相違が強調され、他方で連邦全体の争点も強く認識されているという複雑さが、アメリカ政治を理解する上で興味深い点です。連邦の政治家も、このような有権者の矛盾した立場を踏まえながら行動しているのです。

いずれにせよ、多様性を尊重するのが良いのか、連邦政府が共通した政策を取るのが良いのかをめぐって、イデオロギーも交えながら多様な立場が存在します。

州政府の多様性の重要性を示す立場としてよく知られているのが、「足による投票」と呼ばれる議論です。これは、州によって様々な政策が採用されることになれば、人々は自分自身にとって好ましい政策パッケージを採用する州に引っ越すことができるという話です。税率が高くても福祉が充実している所が良いと考える人はそのような州に引っ越すだろうし、福祉は不要なので税率が低い方が良いと考える人はそういう州に引っ越すだろうという議論です。諸州が多様な選択肢を提供することで、人々は好ましい政策を採用する州に引っ越すことができる、いわば、足による投票を行うことによって、人々は好ましい結果を得ることができるという議論です。

これとは別の肯定的な評価を示す議論に、民主主義の実験場というものがあります。いずれかの州や地方政府が他に先駆けて新しい試みを行った場合、それが好ましい成果を伴うことがわかれば、他の地域はリスクを犯すことなくその政策を導入することができます。最終的にはその政策を連邦政府が取り入れる可能性も出てくるため、アメリカの政策決定過程が豊かになるという議論です。

例えば、大恐慌の後にF・ローズヴェルト政権が採用したニューディール政策は、ニューヨーク州知事としてローズヴェルトが州内で行った社会政策を連邦政府に導入したものです。また、1996年のビル・クリントン政権期に行われた社会福祉制度改革は、ウィスコンシン州などで行われた政策革新をモデルとして設計されたものでした。民主主義の実験場として評価される政策的試みを行った州知事などが大統領候補として取りざたされることがあることも、指摘しておくべきでしょう。

奴隷制・死刑制度・銃規制

これに対して、州ごとに多様性があることを否定的に評価する考え方もあります。奴隷

1976年以降、死刑執行に関して判断がわかれる50州
（1976年はグレッグ対ジョージア州事件の連邦最高裁判決で死刑が条件付きで合憲とされた年）

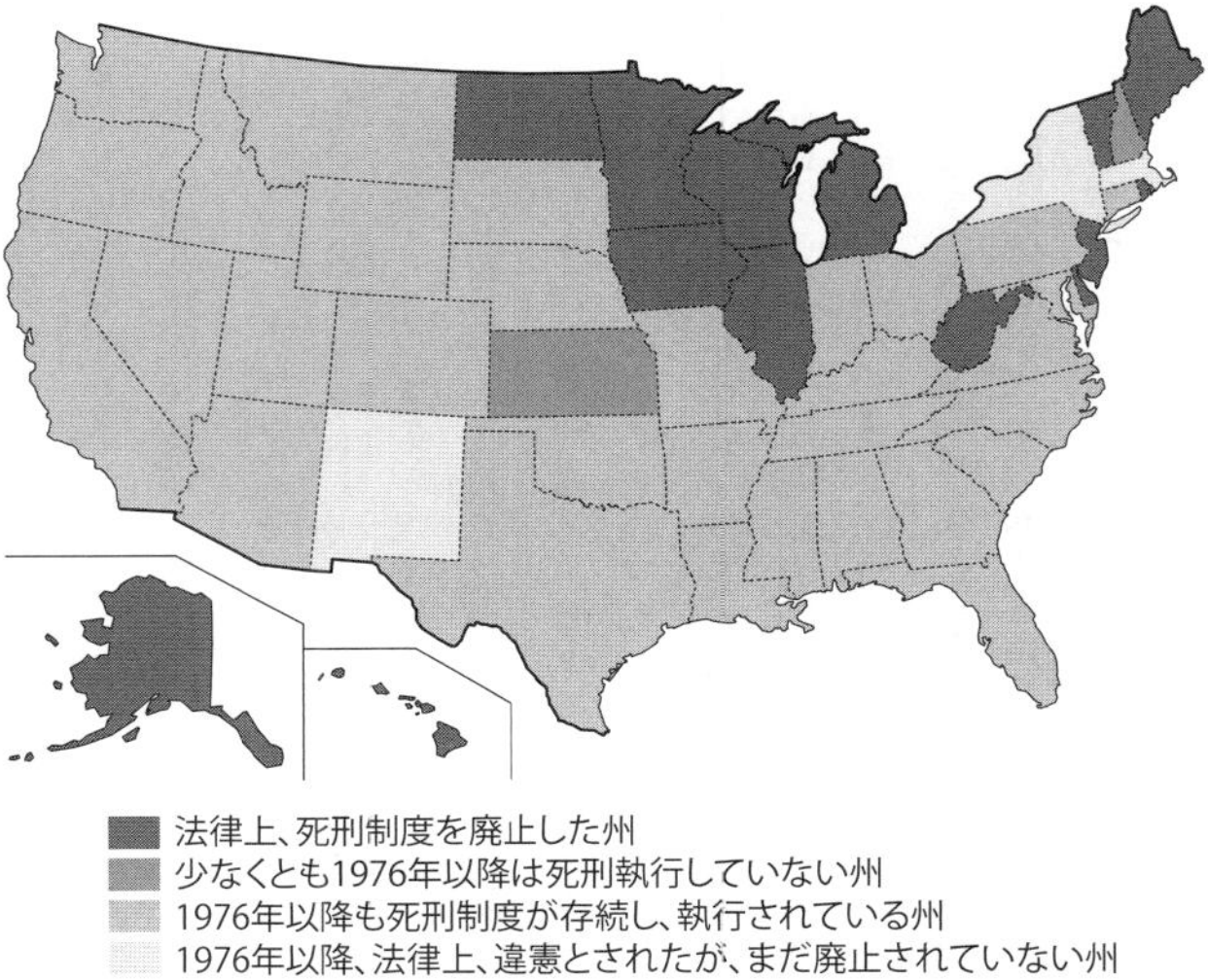

制や死刑制度、銃規制の問題がしばしばその例として紹介されます。奴隷を置くのは好ましくないという考えは南北戦争以前にも強かったですが、南部諸州が奴隷制の存続を主張する際の最大の根拠は連邦制でした。州政治のあり方は州で決めるので連邦政府が口を出すなという州権論を根拠に、奴隷制が存続していたのです。

アメリカでは刑事法を制定する権限は州政府が持っているため、死刑についても存置州と廃止州があります。ハワイ州やアラスカ州、ウェストヴァージニア州、ニュージャージー州などが死刑を廃止しているのに対し、テキサス州のように単独でその他の州の死刑執行数の合計とほぼ同数の死刑を執行している州もあります。合衆国憲法修正第8条で「残虐で異常な刑罰」が禁止されていて、連邦政府が死刑を禁止する立場を長くとってきた（ただしトランプ政権は例外です）中で、このような州が存在することは驚きでしょう。合衆国憲法が連邦政府に対して禁じていることが、一律に州政府に対しても適用されるわけではないのです（合衆国憲法修正第1、2条と4～6条の大半は州にも適用されると連邦最高裁判所は判示していますが、修正第5条の大陪審手続きに関する規定や修正第8条については州政府に適用されていません）。

銃規制については、都市部の人口の多い地域では規制を厳格化します。日本と同様に、犯罪者を見かければ警察に通報するとすぐに対応してくれる可能性が高いことも背景にあります。しかし、人口密度が低く、例えば隣の家に行くのに車で数十分かかるような地域では、警察に通報しても迅速な対応は望むべくもないので、自らの身は自分で守る必要があります。そのような地域では銃規制は緩やかになります。そして、規制が緩やかな州があると、そこで銃を入手した人が他州に移動して事件を起こすことが可能になります。その結果、銃規制を州レベルで実施するのでは、銃犯罪を十分に抑制することができないと批判されるのです。

「福祉磁石論」と「底辺への競争」

最後に紹介すべき理論に、「福祉磁石論」というものがあります。足による投票について説明した際、税率が高くても福祉が充実した地域に住みたい人や、福祉はいらないので税率が低い地域に住みたい人が、それぞれ望む政策パッケージを採用する州に移動できるのは良いことだという考え方を説明しました。

福祉磁石論は、そのような良い結果が発生するとはかぎらないと主張します。まず、州政府は連邦政府と権限が異なっています。連邦政府は出入国管理をすることができるため好ましくない人の入国を止めることができますが、州政府や地方政府は人口の移動を規制することができません。また連邦政府は通貨を発行することができるので、お金が不足した時に通貨を発行することで財政赤字解消を図ることができますが、州政府はそれができません。

このような限界がある中で、州政府や地方政府は税収確保を最優先して行動することになります。州や地方政府からしてみれば、自分たちの地域に来てほしい人は高額納税者や高い税金を払ってくれる企業です。逆に、税金を払わず福祉サービスを要求する貧困者は歓迎されません。人口の移動を直接的に統制することができない州や地方政府は、高額納税者を招き寄せて貧困者を追い出すために、社会福祉政策の水準を引き下げる誘因を持ちます。磁石が砂鉄を引き寄せるのと同様に、寛大な福祉政策は貧困者を引き寄せるのではないかという懸念から、州政府や地方政府は再分配政策をどんどん切り下げていくのです。このような現象を、「底辺への競争」と呼んでいます。

このように、州政府が社会福祉政策を実施する主体になれば、アメリカ全体として福祉の水準はどんどん切り下げられていく可能性があります。この現象に対する評価は連邦制に対する評価と直結しますが、大統領は連邦制に伴うこのような問題も念頭において、戦略的に行動する必要があります。

2 大統領選挙と連邦制

大統領が決まるまで

アメリカの連邦制は、選挙のあり方、政党のあり方にも大きな影響を及ぼします。大統領は独立した諸州のまとめ役としての性格を持っており、大統領選挙の仕組みにもそれは

アメリカ大統領選のプロセス

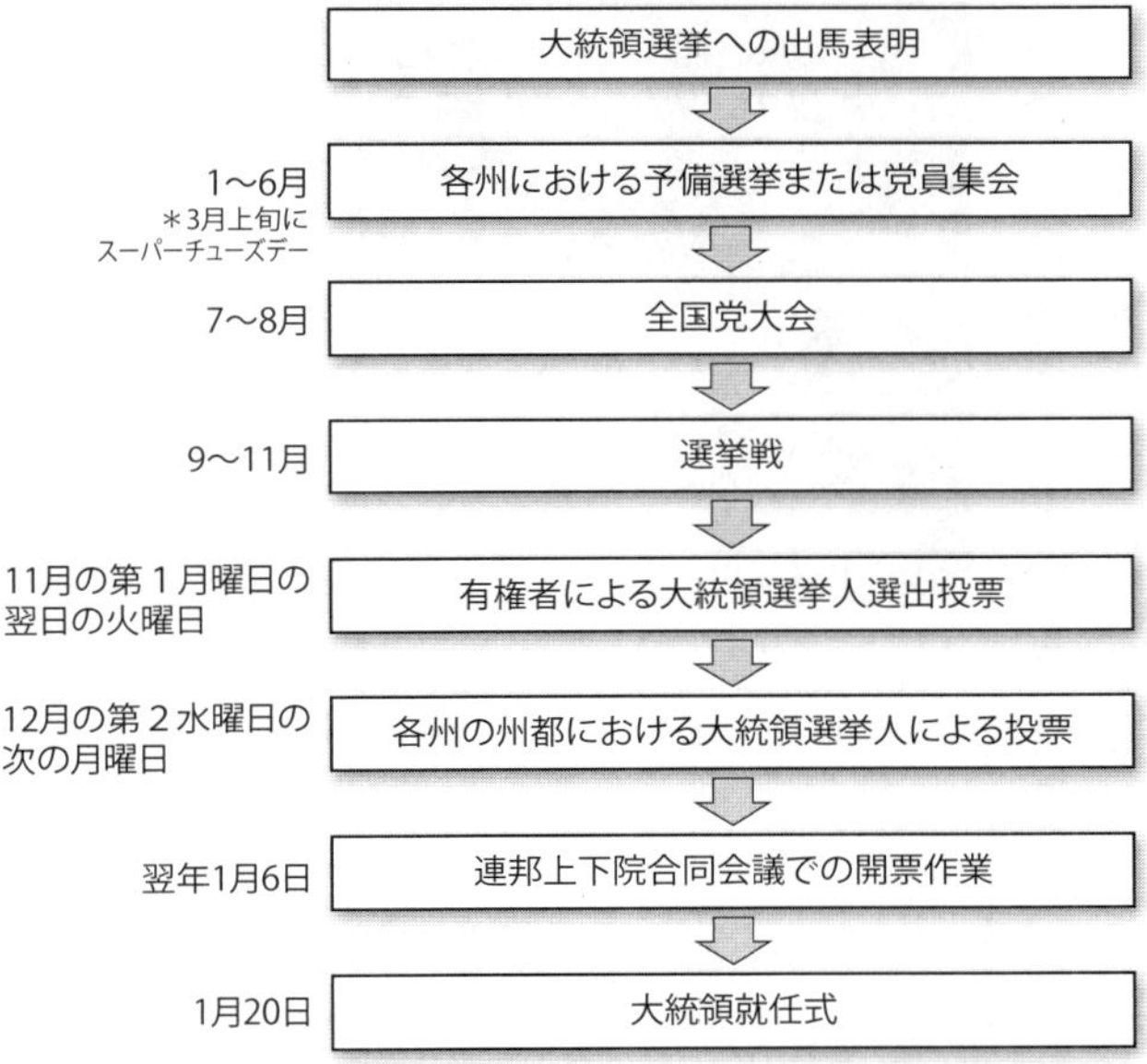

表れています。

日本ではアメリカの大統領選挙を予備選挙と本選挙に分けて、11月の第一月曜日の翌日、すなわち、11月2日から8日の中で火曜日にあたる日に行われる選挙のことを本選挙と呼ぶのが一般的ですが、実は本選挙というのは若干ニュアンスが異なります。アメリカで最終的に大統領を選ぶ選挙は12月に行われる、各州とワシントンDCから選ばれた大統領選挙人が行う選挙だからです。日本で本選挙と呼ぶ11月の選挙はアメリカでは一般投票と呼ばれており、各州とワシントンDCで大統領選挙人を選ぶための選挙のことです。

もちろん、大統領選挙人は一般投票の結果を踏まえて12月に投票する義務を負うと州の法律は定めており、結果にズレが生じることはあまり無いので、日本では一般投票が本選挙と呼ばれるのでしょう。それはさておき、このようなまどろっこしい大統領選挙人方式が導入され、現在も存続している理由の1つは州の主権との関係です。州のまとめ役である大統領を選ぶのは基本的には州であるとの思想が背景にあるのです。

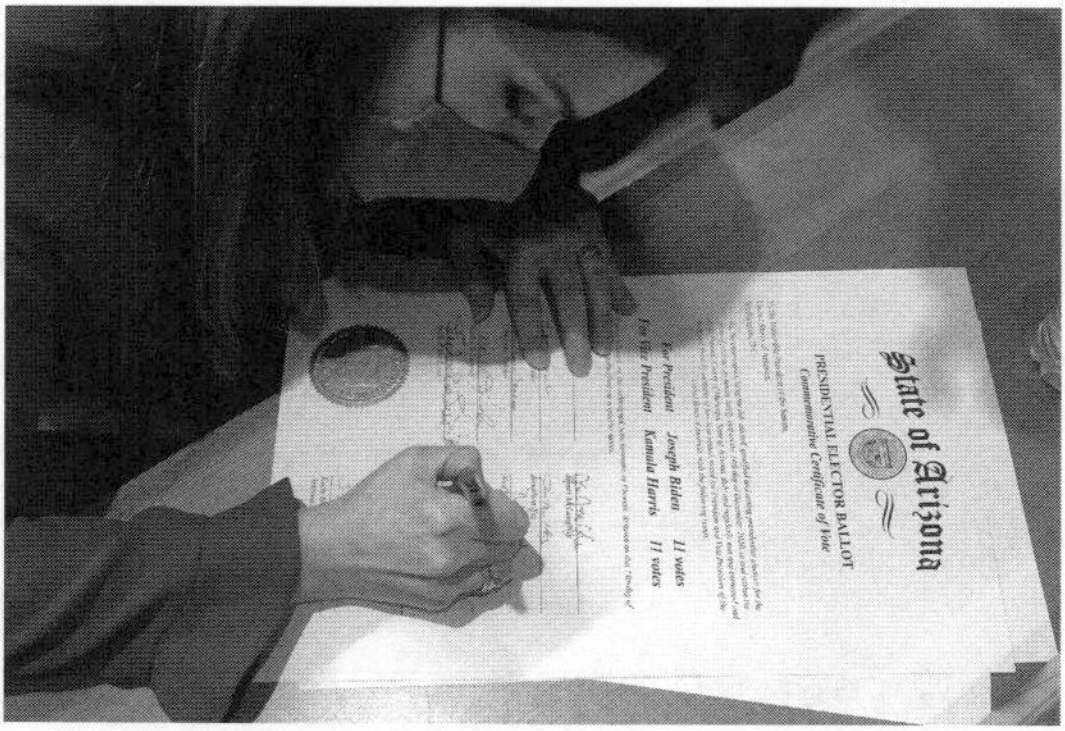

12月の第2水曜日の次の月曜日に各州で選ばれた選挙人が投票を実施し、大統領選の正式な勝敗が確定する。写真は2020年12月14日（月）、アリゾナ州選挙人団のメンバーが投票を終え、アリゾナ州大統領選挙人投票用紙の記念コピーにサインをしている様子。写真＝代表撮影／AP／アフロ

ちなみに、大統領選挙は基本的に州を単位として行われるので、プエルトリコやグアム、サイパンのような非州地域の住民は投票権を持ちません。非州地域の中で選挙人を送るこ

各州の選挙人の数（2024年）

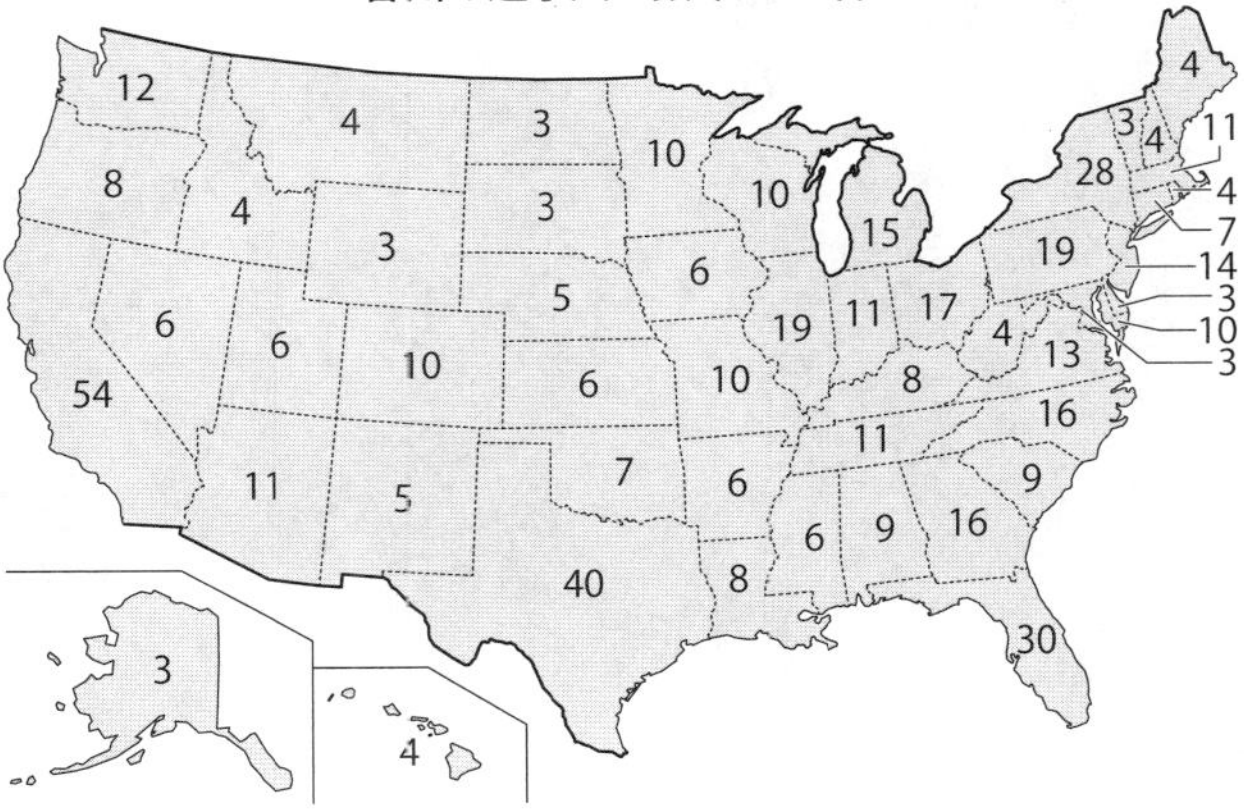

とができるのはコロンビア特別区（首都ワシントンＤＣ）のみです。今日では全国民が直接投票しようと思えば技術的に可能であるにもかかわらず、大統領選挙人制度が存続しているのは、連邦制・連邦主義の考え方が強く残っていることの表れです。

大統領選挙人の数は、各州の連邦上院議員の数（一律２名）と、人口比例で各州に割り当てられている連邦下院議員の数（４３５）の合計に、首都ワシントンＤＣに与えられた選挙人の数（３）を加えた５３８となっています。これは各州のバランスをどう取るかという問題への対応として考えられたものです。アメリカ建国時、人口の少ない州は主権国家として平等なのでどの州にも同じだけの議席を割り当てるよう主張し、人口が多い州は人口の多い州が多くの

2024年７月16日、ウィスコンシン州ミルウォーキーで開催された共和党全国大会で紹介をされる共和党大統領候補ドナルド・トランプ前大統領と共和党副大統領候補のJ. D. ヴァンス上院議員。写真＝AP／アフロ

議席を持つのは当然だと主張しました。その妥協の結果、連邦議会議員の数は上院が一律2名、下院は人口比例と定められ、大統領選挙人の数はその両者を足し合わせることになったのです。

なお、各州に割り振られた大統領選挙人を、一般投票の結果を受けてどのように割り振るかも州政府が決めてよいことになっています。現状では48の州が一般投票での票数が1票でも多い候補が全ての選挙人を総取りする勝者総取り方式をとっています（いずれかの党が優位する州は優勢な党が総取りしたいと考えるのは当然です。二大政党の勢力が拮抗する州の場合は、比例割りにしてほぼ半数ずつ選挙人を分けてしまうと、選挙結果に与えるインパクトがほぼなくなってしまうので、候補から見向きもされなくなってしまいます。勝者総取りにすれば候補は州のために熱心に活動してくれます）。これも、アメリカにおける州の強さを示していると言えるでしょう。

時期を遡って、党の大統領候補、副大統領候補を決める全国党大会に目を向けても、連邦制の問題は重要な意味を持っています。各党の大統領候補、副大統領候補を決めるために集まるのは、各州から選ばれた代議員と呼ばれる人たちです。各州で大統領候補を選ぶ際に採用されている予備選挙や党員集会は、実は全国党大会の際に各州から派遣される代議員を選ぶための選挙と位置づけられています。代議員を選ぶ方式を予備選挙にするか党員集会にするかなども各州の政党が決めることになっています。

なお、全国党大会については、ワシントンDCのみならず他の非州地域も代議員を送ることができるため、非州地域でも予備選挙や党員集会が行われます。代議員の数は州や地域の人口に加えて、党への貢献度も踏まえて、党が決定することになっています。政党という自発的結社の代表を決める選挙なので、政党の自由度が高いのです。

3　連邦政府と州政府の権限

州政府からの反発を最小限に抑える

合衆国憲法の規定上、連邦政府ができる事柄は憲法に明確に規定されたものに限られるというのが原則です。それ以外の事柄は州政府の管轄下にあることになっています。もちろん第1章で指摘した通り、連邦最高裁判所も州際通商条項、支出条項などを根拠に連邦政府の権限を拡大することを容認してきました。しかし合衆国憲法の根本的な構造は変わっていません。そのため、連邦政府の政策に不満を感じる州政府や団体は、連邦政府が採用した政策に対して「当該政策は連邦政府の権限を超えている」と訴訟を提起することが多いです。したがって、連邦政府が政策を採用しようとする場合には、州政府からの反発を最小化するよう配慮しながら行動しなければなりません。

州政府に権限を委譲すると……

今日、連邦政府が権限を超えた政策をとることは多くなっています。例えば、合衆国憲法は社会福祉政策を連邦政府の仕事として位置づけていません。ニューディール以後、連邦政府が社会福祉政策を提供するのは当然だと多くの人がみなすようになりました。しかし、連邦政府は社会政策を執行するのに必要な人員を持っていないため、州政府に政策の執行を委ねざるを得ません。そして、日本に生存権の規定が存在するのとは対照的に、連邦最高裁判所は福祉権を合衆国憲法から導かれる当然の権利とは認めていません。そのような事情から、社会福祉政策を実施しようとする場合、連邦政府は「これだけの予算をつけるので、こういう政策をしてください」という形で州政府に依頼するのが原則になるのです。

これは非常に複雑な状況を作り出します。社会福祉政策の実施について積極的な人が多く居住しているリベラルな州は、連邦政府の社会福祉政策を必要だと評価します。その一方で、社会福祉政策の実施に消極的な人が多く住んでいる保守的な州は、連邦政府が社会福祉政策を実施することに批判的です。政府の援助を必要とする人は保守的な州にも多く住んでいます。そして、保守的な農村州の方が財政状況は悪いことが多いため、連邦政府への財政的な依存度はむしろ高い傾向があります。にもかかわらず、保守派は連邦政府の政策を縮小して州政府に権限を移譲するように主張するのです。

そのような保守派の主張は、連邦の政治家にとって実は魅力的である可能性があります。

経済成長が続いて税収が持続的に増大していた時には、連邦政府の財政運営にも余裕がありました。しかし経済成長が鈍化すると、寛大な社会支出を行うのは容易でなくなります。そのような状況下で、「貧困者の実態をよりよくわかっている州政府に権限を委譲した方が、より良いサービスを展開することができるし、無駄も削減することができる」という主張が支持を集めるようになり、場合によると総予算を縮小した上で州政府に多くの決定権を委ねようとする動きも登場してくるのです。

こうすれば、州政府は自分たちの権限を拡大させることができます。他方、連邦政府は生活困窮者から不満が表明されたとしても、その責任を州政府に帰することができます。その結果、生活困窮者の生活はより厳しいものになる可能性が高いですが、連邦、州の両方の政治家にとっては、少なくとも短期的には都合がよい状態となります。資金がなくなれば分権改革を進めて地方に権限を委譲し身軽になろうとするのは、どの国の中央政府でも同じです。本来は連邦議会と大統領はその政策的帰結について考える必要があるはずですが、必要な考慮がされることはあまりありません。

1996年には、地方に権限を委譲するという方針に従って、クリントン大統領とニュート・ギングリッチ率いる共和党議会は福祉改革を断行しました。そのような状況を今日では、新自由主義的な改革を行うことで格差を拡大させたと様々な批評家が批判しています。しかし、当時はクリントンと共和党議会が行った福祉改革は高く評価されていました。政治家の短期的な自己利益と、望ましい政策の間には距離があるのです。

4　連邦政府 vs. 州政府

「ワクチンを打つべきか?」「マスクを着けるべきか?」

連邦政府が採用した政策に対して、州政府が様々な形で抵抗を試みることがあります。民主党の大統領の時期には共和党が優位する州政府が、共和党の大統領の時期には民主党が優位する州政府が反発することが多くなります。

しかし、大統領がどの政党に属している場合でも発生する問題も存在します。先ほど指摘した、奴隷制に関する事例はその一例です。また、銃規制に関する問題も同様の傾向があります。一般的には民主党が銃規制を推進し、共和党が銃規制に批判的な傾向がありますが、大規模な銃撃事件が起こった場合は共和党の大統領であっても銃規制の可能性を示唆することがあります。そのような場合でも、保守的な州政府は反発を示します。

2020年４月28日、フロリダ州知事のロン・デサンティス知事は新型コロナに関してトランプ大統領と会談を行った。

最近、連邦政府と州政府の対立が明確になった争点としては、新型コロナ関係の問題があります。連邦政府はワクチンの接種とマスクの利用を推奨しました。また人の移動が増大すると感染が増える可能性があるため、街をシャットダウンし、外出を規制するように提唱しました。

しかし、フロリダ州知事のロン・デサンティスらは、連邦政府の方針に強く反発しました。デサンティスは、バイデン政権の様々な活動を強く批判したこともあって、２０２４年大統領選挙の共和党の有力候補の１人として注目されるようになりました。後々連邦政界に打って出たいと考える州の政治家が、連邦政府に対峙して大統領を批判することで名前を売ろうとする例は散見されます。

中絶問題

中絶問題も、連邦と州政府が対決することの多い争点です。アメリカでは1973年のロー対ウェイド判決[*1]で人工妊娠中絶は女性の権利だと認定されましたが、ロー判決を覆そうとする州政府の試みが様々な形で行われてきました。初期には、例えば家族や父親である可能性のある人の署名を求めたり、冷静になる必要があるとの理由から生命の重要性を説くカウンセリングの受講が義務化されたりするなど、中絶の権利を実質的に制限する試みがなされました。その後、より直接的な形で中絶の権利を否定する法律を州政府が作ろうとしたこともありますし、州の裁判所が同様の判決を出すこともありました。

このように様々な戦術を州政府が組み立ててきた成果が、2022年のドブス判決です。ドブス判決により人工妊娠中絶は合衆国憲法から導かれる当然の権利ではないとされ、人

＊1　ロー対ウェイド判決：1973年、多くの州で違法とされていた人工妊娠中絶がはじめて憲法上の権利として認められた。多くの報道などで見聞きする名称は、テキサス州在住の妊婦ノーマ・マコービーが「ジェーン・ロー」の仮名で、ヘンリー・ウェイド地方検事と裁判で争ったことによる。

州によって対応がわかれる中絶問題

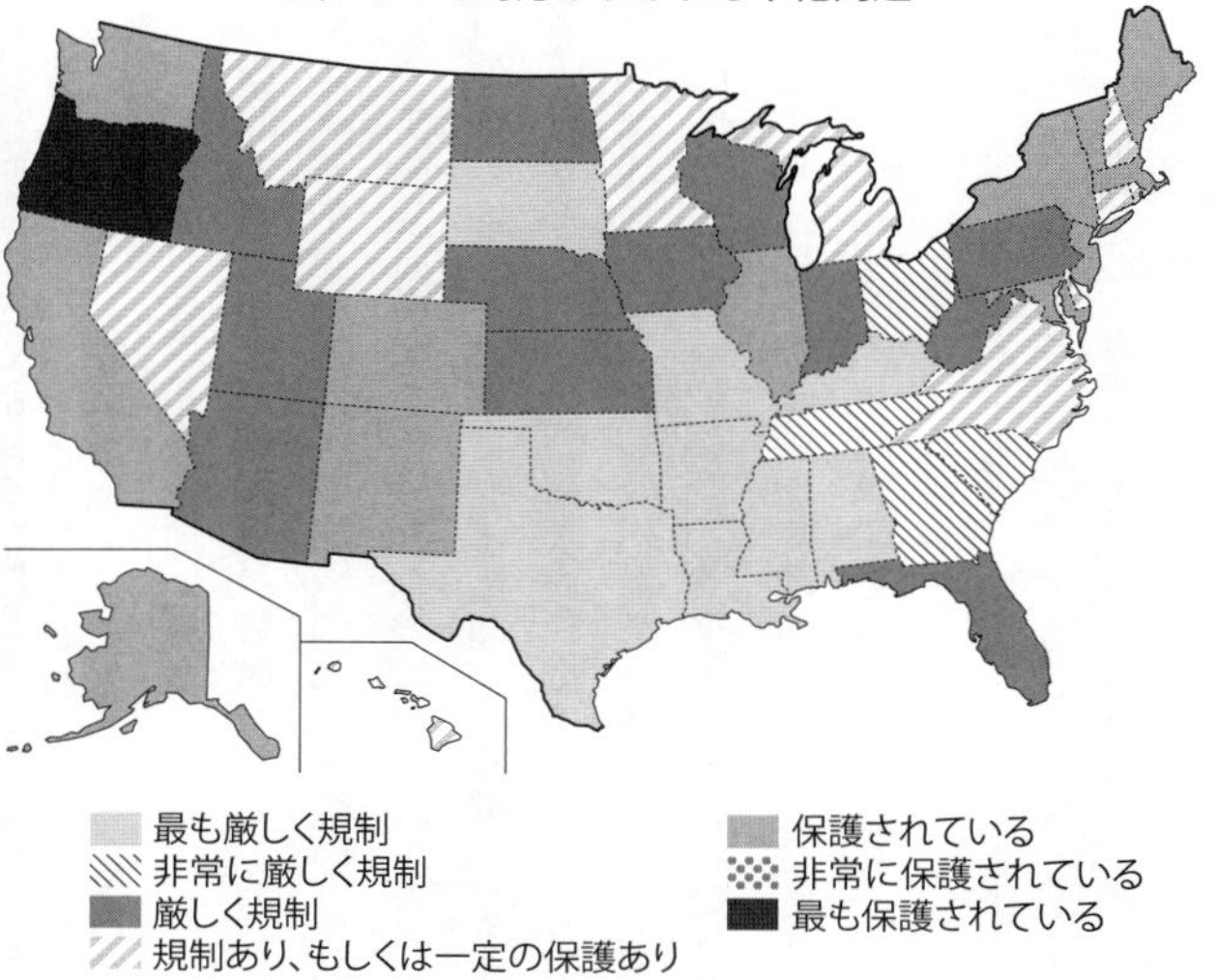

The Guttmacher Institute の資料をもとに作成

工妊娠中絶を認めるかどうかは州政府の判断に委ねられることになりました。その結果、人工妊娠中絶を行う方法、行う時期を厳格にしようとする州が登場しています。例えば、フロリダ州は妊娠6週以後の中絶を禁止する法案を通過させ、23年4月にデサンティス州知事が署名しています。同州最高裁判所は同法を支持し、24年5月1日に発効しました。

そして中絶の権利が否定された州を中心として、病院で中絶手術をするのではなく、薬などを使って中絶を行う方法が模索されるようになっていますが、そのような薬の販売を禁止する州もあります。２０２４年大統領選挙では、民主党候補のカマラ・ハリスは人工妊娠中絶の権利を復活させ、中絶を望む人が中絶手術を受けることができる環境を整えようと提唱しています。このような発言をし続ける必要がある背景に、その方針に反対する州政府があるのです。

環境規制

環境規制についても、連邦政府と州政府の間で対立が発生します。今日では一般的に民主党が地球温暖化の問題を重視し、環境規制に熱心です。他方、共和党は、石油や石炭などの資源を持つ州の反対に加えて、温暖化は神の思し召しであり、人間が環境を変えることができると考えるのは尊大であるという宗教右派の考えもあり、環境規制に批判的です。民主党のバラク・オバマ大統領やバイデン大統領は、環境規制を様々な形で導入しようとしました。二酸化炭素の排出をできるだけ減らすために、クリーンエネルギーを活用するよう提唱し、オバマ政権はパリ協定を結びました。

しかし、それは産炭州などの抵抗を受けることとなりました。また、一部の州政府が連邦政府に対して訴訟を提起するなどしました。その後、この立場を尊重するトランプ政権が登場し、パリ協定からの離脱を表明しました。すると今度は、それに対抗する形でカリ

2010年７月８日、ミズーリ州カンザスシティにあるスミス電気自動車の施設を見学するオバマ大統領。2011年１月の一般教書演説で「15年までに100万台の電気自動車を米国市場へ」と宣言するなど、環境対策に積極的な姿勢をみせた。写真＝ホワイトハウス

フォルニア州などが独自に環境規制を強化しました。すでに述べたように、カリフォルニア州はもし独立したとするならば世界第６位の経済大国になるほどの経済規模を持っているため、そのインパクトは大きいです。

このような大統領と州政府の駆け引きは興味深いです。２０２４年の大統領選挙で仮にトランプが勝利するならば、電気自動車を推進する動きに反発してガソリン車への回帰を提唱する可能性があると指摘されています。その一方で、カリフォルニア州などは独自にＥＶ車などを推奨することになりそうです。大統領選挙の行方に注目している日本企業の人は、州政府の動きにも目を配る必要があるで

しょう。

移民問題

移民問題も、連邦政府と州政府の意向が対立することが多い分野です。有名になったのは聖域都市をめぐる問題です。トランプ政権は、不法移民がアメリカにやってくるのは好ましくないと強調し、州政府や地方政府がその取り締まりを行うよう呼びかけました。しかし、判例上、出入国管理、例えば不法移民の国外退去処分などに関わる権限は連邦政府の専管事項となっており、州政府や地方政府にはその権限はありません。そのため、管轄外の業務をする必要はないということで、リベラルな州や地方政府が中心となってトランプ政権の意向に反し、不法移民の取り締まりを行いませんでした。不法移民に批判的な人たちはそれらの州や地方政府を聖域都市と呼んで批判しましたが、聖域都市は徐々にトランプ政権への対抗姿勢を強めていきました。

移民問題は、バイデン政権になっても連邦政府と州政府の対立を惹起しました。バイデン政権はトランプ政権との違いを打ち出す傾向が強かったため、バイデン政権になれば不法移民に寛容な政策が取られるとの認識が一般化したこともあり、様々な形で不法移民がアメリカ国内に入国するようになりました。そのような中、共和党の州知事でいずれ大統

聖域都市の分布

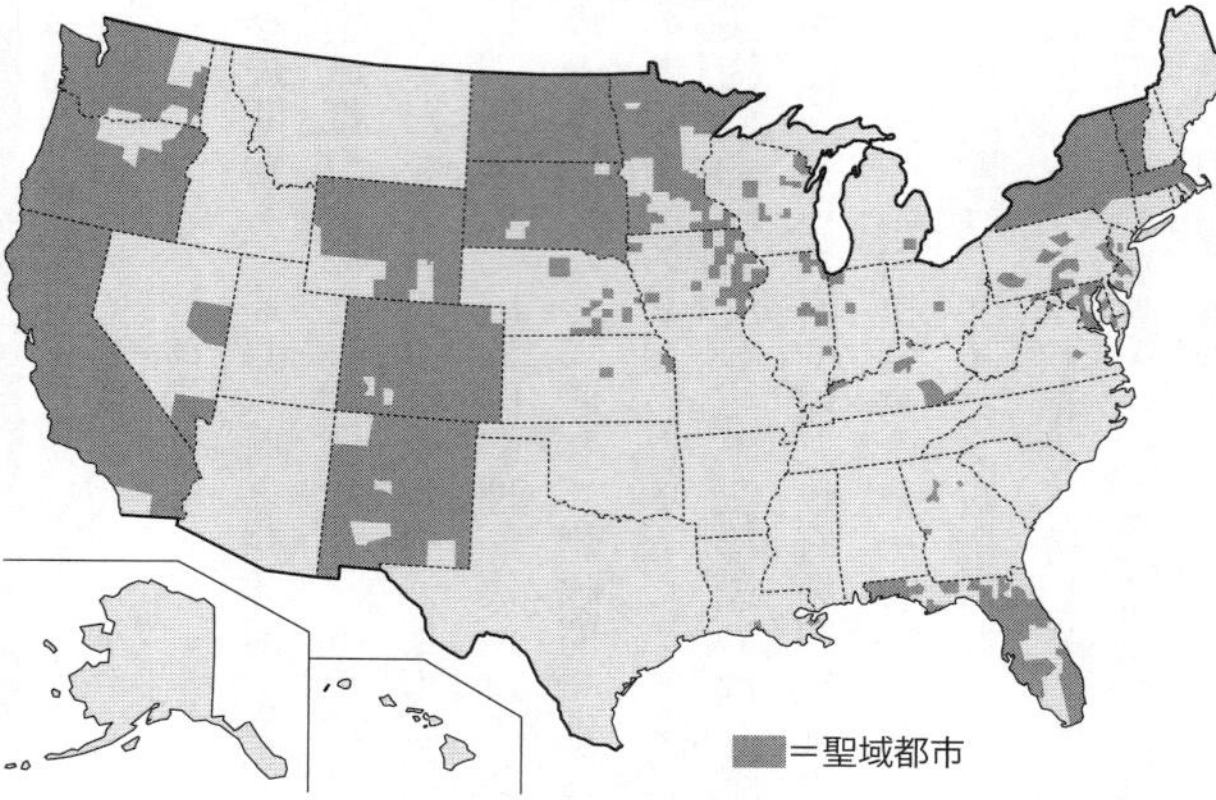

出典：https://www.nytimes.com/interactive/2016/09/02/us/sanctuary-cities.html

領になりたいと考える人たちは、独自のパフォーマンスをするようになりました。

例えば、テキサスの州知事であるグレッグ・アボットとフロリダの州知事であるデサンティスは、不法移民を聖域都市にバスなどで送りつけるようになりました。また、例えばテキサス州は不法移民の入国を止めさせるために州兵を動員し、国境地帯で様々な活動を行おうとしました。しかし、出入国管理は本来連邦政府の管轄であるため、州政府がそのようなことを行う権限はないというのが連邦最高裁判所の判例です。バイデン政権に抵抗の意思を示すために州政府がある意味暴走し、バイデン政権がそれを止めようとするという構図になったのです。

アメリカの大統領の権力が大きくなりすぎるのを避けるために、州政府が重要な役割を果たすということは憲法制定者の狙いの一つでした。しかし、今日では様々な州政府の抵抗によって大統領の行動の幅がかなりの程度縛られている側面もあることを認識する必要があります。

【コラム】州ごとに異なる投票権

大統領選挙や連邦議会選挙の投票権が州ごとに異なる、と聞くと驚く人もいるのではないでしょうか。合衆国憲法では、「各州の選挙権者は、州の立法部のうち議員数の多い院の選挙権者となるのに必要な資格を備えていなければならない」と定めているからです。その後、修正条項で、財産、人種、性による差別をしてはならないなどの基本的なルールは加えられましたが、それを基本として、具体的に誰に投票権を与えるかは州政府が決めることになっています。

例えば、重罪を犯したことのある人物に投票権を認めるかは、州により異なります。現在収監中の重罪犯に投票権を認める州もあれば、認めない州もあります。元重罪犯の投票権を一生剥奪し続ける州もあれば、刑期を終えると復活させる州もあります。そもそも刑事法も州政府が決めているため、州政府がどのような囚人や元囚人の投票権を剥奪するかに関しても決定権を持っているといえます。

（元）囚人の投票権剥奪には、民主党に投票する傾向の強い、貧困なマイノリティの政治参加を阻む意図があると指摘されています。投票時に公的機関が発行した写真付き身分証明書の持参を義務付ける動きも、同様です。これらは共和党が優位する州で導入されていることが多いです。州政府は、投票所の数や場所、開所時間を変えるなどして、選挙結果に影響を与えることもできます。アメリカならではの制度だと言えるでしょう。

第4章
政治的に大きな役割を果たす裁判所

司法の頂点にある連邦最高裁判所

1　政治部門としての裁判所

連邦最高裁判所判事の指名問題

２０１６年の大統領選挙では、民主党候補のヒラリー・クリントンと共和党候補のドナルド・トランプの間で接戦が繰り広げられました。最終的にトランプが勝利しましたが、その大きな要因となったのが連邦最高裁判所判事の指名問題です。トランプは性的スキャンダルなどもあり、共和党主流派から好ましい候補と見なされていませんでした。選挙時に最大の動員力を誇る社会的保守派である福音派は、とりわけトランプに批判的でした。

しかし、福音派は２０１６年大統領選挙の際にトランプを最終的に熱心に支援しました。その理由は、大統領が連邦最高裁判所の判事の指名権を持っているからでした。トランプはフェデラリスト協会という保守派の法律家団体に、連邦最高裁判所判事にふさわしいと考えられる法律専門家のリストを作るように要請し、それを自分が大統領になった時に判事に指名する人のリストとして７月に提示しました。そこに記されていた人々は皆、人工妊娠中絶の権利否定派でした。

福音派は、人工妊娠中絶の権利を認めた１９７３年のロー対ウェイド判決の撤回を最重要課題と位置づけていました。クリントンは女性の権利擁護に熱心な人物であり、大統領に当選すれば中絶の権利擁護派を判事に指名すると予想されていました。連邦最高裁判所の判事の任期が終身であることを考えれば、１期４年間、長くても２期８年間となるトランプの任期を我慢しなければならないとしても、ロー判決を撤回させることができるのであればよいと考え、福音派はトランプに票を投じたのです。

アメリカの裁判所が政治的に大きな役割を果たしていることは、日本では理解し難いかもしれません。日本の裁判所は、政治的に議論の分かれる問題についての判断は国会が行うべきだとし、判断を下すことを避ける傾向が鮮明です。これとは対照的にアメリカでは、人工妊娠中絶や同性婚の是非、積極的差別是正措置、銃規制など、政治的見解が分かれる争点は、連邦議会では最終的な決着が見られる見込みが少ないこともあり、裁判所、とりわけ連邦最高裁判所が積極的に判断を下すべきだという考えが強いのです。その結果、アメリカの裁判所判事の任命過程は高度に政治化しており、大統領にとっても、また大統領になろうとする人物にとっても、裁判所の問題への対応が重要な意味を持つのです。

裁判所を積極的に〝活用〟する少数派

裁判所を積極的に活用しようとする人の中には、連邦議会による立法では自らの利益・関心を実現するのが難しい人々がいます。連邦議会で法律を通過させるためには、最低でも過半数の議員の支持を得る必要があります。しかし、人口構成上少数派の地位に留まらざるを得ない人々、例えばＬＧＢＴＱの人々や、先住民、障害のある人々が、連邦議会で多数派を形成するのは容易ではありません。彼らは、裁判所の活用に積極的になります。

それは、裁判所が連邦議会とは異なった基準に基づいて判断を下すからです。連邦議会が多数決という意味での民主主義原則を重視しているとするならば、連邦裁判所は権利の実現を重視しているといえます。権利は利益や関心とは位相が異なる概念です。人々が自らの利益・関心を表明した場合でも、例えば多数派が反対したり、予算がなかったりすれば、実現されない可能性があります。しかし、その利益・関心が権利という言葉で表現されるようになると、多数決原理や財政上の理由を根拠にその実現を阻むのは困難になります。人々は、自らの利益・関心を、権利という言葉を使って承認してもらおうと努めるのです。

例えば、１９６０年代には福祉権運動が展開されました。アメリカには、日本国憲法第

25条で制定されている生存権に当たるものが存在しません。アメリカでも公的扶助を憲法から導かれる権利として位置づけさせようとする努力がなされてきましたが、連邦最高裁判所は認めたことがありません。要扶養児童家庭扶助という公的扶助プログラム（ニューディール期に定められたものが修正され、名称変更されたものです）は、受給資格を満たした人でも財政上の理由から受給できない場合がありました。１９９６年の福祉国家再編で、同プログラムは貧困家庭一時扶助という制度に置き換えられました。その結果、公的扶助の給付には労働の義務が課されるとともに、継続して2年、通算して5年間という期間制限が課されることになりました（州以下の政府が独自財源で公的扶助を実施することは妨げられませんが、連邦政府からの移転支出の利用は認められません）。

裁判所が利益・関心をどのように位置づけるかが重要な帰結の違いをもたらすため、裁判所も政治闘争の場となるのです。

大統領も法の制約を受ける

アメリカにおいては、大統領も裁判所の判断に従う必要があります。これは立憲主義、法の支配という原則を国是と位置づけているアメリカにおいて、重要な意味を持ちます。絶対王政の時代には、「朕は国家なり」という表現に象徴されるように「人の支配」というべき考えが非常に強く、時に王の権限は神によって与えられたとする王権神授説に基づいて、王の判断が法に優越するとされました。人の支配を否定し、いかなる人も法の支配の下に位置づけられるというのが立憲主義の考え方の基礎であるため、大統領の行動も法の制約を受けるのです。

トランプ前大統領は、大統領特権によって大統領の時の自らの行動が裁判所の判断に服することは無いと主張しています。この主張に対し、２０２４年６月に連邦最高裁判所は、大統領が憲法上の権限の範囲内で行った行為については刑事訴追からの「絶対的免責」を、その他の公的行為については「推定的免責」を享受するものの、私的な行為については免責されないと判示しました。この判決の具体的影響が明らかになるのには時間がかかりそうです。それはさておき、大統領と裁判所はともに統治機構を構成するものとして抑制と均衡の関係に立っています。互いに利益が対立することもあり得る存在であるため、大統領にとって裁判所がどのような意味を持つのかを考えることは重要です。

2 連邦最高裁判所

州裁判所と連邦最高裁判所

アメリカには連邦の裁判所と州の裁判所があります。アメリカでは州と連邦がともに憲法を持ち、それぞれがその統治機構のあり方を規定しています。州の憲法や法律に関する事柄は州の裁判所が、州を超えた事柄や合衆国憲法、連邦法、条約などについては連邦の裁判所が扱うのが原則です。州と連邦の両方の法律に違反した事例については両方の裁判所が扱うことができます。連邦の裁判所は、州の法律や統治機構の活動についての合憲性を判断することも認められています。

州裁判所の判事については、50州のうち39州が、少なくとも一部の判事を選挙で選出しています。州知事による任命制が採用されている州も多いです。他方、連邦最高裁判所の判事は、大統領が指名し、連邦議会上院がその人物を承認した場合に就任します。大統領の任期は原則として2期8年が最長ですが、連邦最高裁判所判事の任期は終身です。アメリカの連邦最高裁判所の判事の任期が終身なのは、判事が大統領や上院議員から強い政治的圧力を受けるのは好ましくないという考え方に基づいているからです。とはいえ、大統領は自らと政治的、イデオロギー的立場が近い人物を連邦最高裁判所の判事に任命することができれば、自らが重視する政策やイデオロギーを長く残すことができます。

これまでアメリカで連邦最高裁判所判事に任命された人物は115名で、その在任期間は平均して約15年間です。1937年にF・ローズヴェルト大統領によって指名されたヒューゴ・ブラックは34年間、1939年に同じくF・ローズヴェルトによって指名されたウィリアム・ダグラスは36年6か月、ジェラルド・フォード大統領が指名したジョン・ポール・スティーヴンスは34年間と長期間在任しました。これだけの長い間大きな権力を振るうことのできる存在は、アメリカの中でも稀です。

判事の数を増やそうとした「コート・パッキング案」

連邦最高裁判所の判事の数は現在9名ですが、これは憲法で規定されているのではありません。連邦最高裁判所の判事の数を最初に決めたのは1789年の司法法であり、判事の数は6名でした。これが政治的な事情により増減し、1863年に最大10名まで増大しました。その後1869年の司法法で9名と定められて以降、連邦最高裁判所の判事の数は9名となっています。

過去には、F・ローズヴェルト大統領がニューディールに違憲判決を出されたのを受け、この9名に6名を追加して判事の数を15名に増員しようとしたことがあります。この試みはコート・パッキング案と呼ばれました。当時、連邦議会上院ではF・ローズヴェルトが

2024年現在の連邦最高裁判所を構成する判事は9名で、1名の首席判事と8名の陪席判事で構成される。ジョン・G. ロバーツ（前列中央）は第17代連邦最高裁判所長官を務める。写真＝アメリカ連邦最高裁判所（https://www.supremecourt.gov/about/justices.aspx）

属する民主党が多数を握っていたため、追加の6名全てにニューディール賛成派を送り込もうと考えたのです。

これは多方面からの批判を浴びて実現しませんでしたが、同様の提案がなされることは時折あります。例えば、ジョー・バイデン政権が登場した際、リベラル派の活動家は連邦最高裁判所の判事の数を増やすよう提唱しました。バイデン政権の最初2年は、バイデンの所属政党も連邦議会上院の多数党も民主党だったため、連邦最高裁判所判事の構成をリベラル派優位に変えることができると考えたからです。しかし、バイデンが、政治的意図に基づいて連邦最高裁判所の判事の数を増やすのは好ましくないと判断したこともあり、その試みはなされませんでした。

連邦最高裁判所主席判事(最高裁判所長官)

連邦最高裁判所の判事9名のうち1名が主席判事(最高裁判所長官)として選ばれます。この主席判事は9名の判事の中から選ばれるのではなく、大統領によって主席判事として指名され、連邦議会上院もその人物が主席判事として適切かどうかを判断して承認することになっています。

主席判事の任命は、重要な意味を持ちます。主席判事が多数意見の側に立った場合には、誰が判決文を書くかを決めることができるからです。判決の勝敗が同じ場合でも、どのような根拠に基づいて判決が出されたかによって、その帰結が変わる場合があるからです。

2020年の大統領選挙の前に死亡した、リベラル派の良心とも呼ばれたルース・ベーダー・ギンズバーグ判事は、人工妊娠中絶の権利を認めた1973年のロー判決が、女性の自己決定権を根拠としたものではなかったことを危惧していました。同判決は、プライバシー権という概念を提示したうえで、人工妊娠中絶はプライバシー権の中に含まれるという構成をとることで、人工妊娠中絶の権利を認めました。しかし、2022年のドブス判決は、プライバシー権なるものには合衆国憲法上の根拠がないとして、それを根拠に中絶の権利を認めたロー判決を覆したのです。ギンズバーグの懸念が的中したのです。もし中絶の権利を別の論理に基づいて認めていれば、中絶の権利は今でも続いていた可能性があるのです。

このように、誰が判決文を書くかは重要な意味を持つので、誰を主席判事に選ぶかが重要になります。なお、主席判事が少数意見の側に入っている場合は、多数意見を構成する判事の中で連邦最高裁判所判事としての在任期間が最も長い人が判決文を書く人を決めることになっています。

米連邦最高裁判所の史上２人目の女性判事となったルース・ベーダー・ギンズバーグ判事。2020年９月18日、87歳で亡くなった

アメリカ法曹協会による評価

判事の任期が終身であることを考えると、大統領が自らとイデオロギー的立場が近い人物や、支持者が望む人物を連邦最高裁判所判事に指名するのは不思議ではありません。ただし、法律専門家として有能な人物であるこ

1878年に設立されたアメリカ法曹協会が入る建物

とは、当然の前提とされます。合衆国憲法で連邦最高裁判所判事になるために法曹資格が必要と規定されているわけではありませんが、法律専門家としての造詣が深いことが重要だという認識は強く存在します。

法律専門家の集団であるアメリカ法曹協会は1956年以降、連邦最高裁判所の判事の候補とされる人物についての評価を発表しています。同協会と対立したリチャード・ニクソンとジョージ・W・ブッシュを除く歴代大統領は、候補者リストを事前に提出しています。アメリカ法曹協会の15名からなる常設委員会は、各候補について、「十分な資格あり」「資格あり」「資格なし」の3種類に分類して発表していて、これまで資格なしとされた候補はいません。ロナルド・レーガンが指名したロバート・ボークと、ジョージ・H・W・ブッシュが指名したクラレンス・トマスについては評価が分かれたようですが、他は皆「十分な資格あり」と評価されています。

法律の解釈には様々な理論や方法がありますし、その提示する結論については評価が分かれることもあるでしょう。とはいえ、法律専門家から見れば「十分な資格あり」となされる人物が連邦最高裁判所の判事になっているのです。

なお、大統領は判事の指名に際し、多様性を考慮することが多くなっています。この傾向はとりわけ民主党の大統領に顕著です。アメリカではこれまで6人の女性の最高裁判所判事が誕生しています。レーガンが指名したサンドラ・デイ・オコナー、クリントンが指名したギンズバーグ、オバマが指名したソニア・ソトマイヨールとエレーナ・ケーガン、トランプが指名したエイミー・バレット、バイデンが指名したケタンジ・ブラウン・ジャクソンです。リンドン・ジョンソンが指名したサーグッド・マーシャル、H・W・ブッシュが指名したトマス、バイデンが指名したジャクソンの3名は黒人で、オバマが指名したソトマイヨールは中南米系です。今までのところ、アジア系の連邦最高裁判所判事は存在しません。

マイノリティが判事に指名された場合、マイノリティを優遇する人事は好ましくないと批判する人がいます。しかし、アメリカ法曹協会は彼らを連邦最高裁判所判事として十分な資格ありと認定しています。マイノリティの中に法的な造詣の深い人材が多数存在しているということなのです。

承認手続きが政治問題化する「ボーキング」

大統領が連邦最高裁判所の判事を指名したにもかかわらず、撤回に追い込まれたり、その人物が承認されなかったりした場合も存在します。判事承認の過程では、連邦議会上院の司法委員会で公聴会が開かれ、様々な質問が候補者に対して投げかけられます。その結果を踏まえて委員会で審議を行い、了承された場合に本会議で承認手続きがとられます。この一連の手続きの中で、人工妊娠中絶や銃規制などの論争的な問題についてどのような認識を持っているのかが問われます。様々な利益集団も連邦最高裁判所判事の候補に対して賛否の立場を示して関与します。

これまで承認されなかった人物としては、ニクソンがエイブ・フォータスの後任として指名したG・ハロルド・カーズウェルとクレメント・ヘインズワースがいます。この2名がともに承認されなかった結果、ニクソンが最終的に指名し承認されたのはハリー・ブラックマンでした。

また、レーガン大統領はロバート・ボークという保守的な人物を指名しましたが、イデオロギー的立場が強すぎるとして承認されませんでした。それまでは、イデオロギー的立場に相違があったとしても、法律専門家として評価されていれば、最終的には承認することが暗黙の了解となっていました。しかし、ボークの指名をきっかけに、承認手続きは政治問題化されていきます。以後、イデオロギー的な特徴を根拠として指名、承認手続きが政治問題化する現象は「ボーキング」と呼ばれるようになりました。

他にもH・W・ブッシュが指名したトマスが、元部下で当時オクラホマ大学ロースクールの教授であったアニタ・ヒルにセクシャル・ハラスメントをしたと訴えられたため、審議が紛糾したこともありました（最終的には52対48で承認されました）。また、ジョージ・W・ブッシュが指名したハリエット・マイヤーズは、共和党の様々な政治家の選挙に深く関与した人物で、政権の法律顧問でしたが、判事経験がなく、様々な争点についての態度が不明確でした。支持基盤の宗教右派からも批判されたため、ブッシュは指名撤回に追い込まれました。ドナルド・トランプが指名したブレット・カバノーは、10代の頃に性的暴行を振るった疑惑が浮上しましたが、最終的には賛成50、反対48と僅差で承認されました。

このように連邦最高裁判所の判事は、大統領が指名したからといって無条件で承認されるわけではありません。イデオロギー的立場を重視する人が増えた結果、とりわけ大統領の所属政党と連邦議会上院の多数党が異なる場合には、法律専門家としての十分な資格がある場合でも承認手続きが複雑で困難になります。過度な政治問題化を防ぐため、論争的なテーマではない分野に強い人物を指名するという戦略も検討されることがあります。どのような人物を判事として指名するかについては、慎重な判断が必要なのです。

２０１６年と２０２０年の任命手続きが残した禍根

連邦最高裁判所の判事に欠員が生じ、大統領が後任を指名した場合でも、連邦議会上院が承認手続きに協力しない場合もあります。こちらも、大統領の所属政党と上院多数党が一致しない場合に起こりやすい現象です。１９９１年にＨ・Ｗ・ブッシュがトマスを指名した時は、大統領の所属政党は共和党、上院多数党は民主党でしたが、それ以降はしばらく両者が一致していました。次に一致していなかったのは、オバマ政権期にメリック・ガーランドが指名された時でした。そしてこの２０１６年の判事の任命手続きの問題と、２０２０年の判事の任命手続きの差異が大きな禍根を残しました。

大統領選挙年である２０１６年の２月に、保守派判事であるアントニン・スカリアが死亡したのを受けて、オバマ大統領はガーランドをその後任に指名しました。しかし、当時の上院院内総務であった共和党のミッチ・マコーネルは、大統領選挙年に連邦最高裁判所の判事が死亡した場合には、その後任の指名は当該選挙で選ばれた人物が行うべきだと表明し、上院で、承認手続きを行うことを拒否しました。その結果、２０１６年大統領選挙で多くの予想に反して勝利したトランプが、保守派のニール・ゴーサッチをその後任に据えたのです。

しかし、同じく大統領選挙年であった2020年の9月にリベラル派のギンズバーグが死亡した際、当時大統領であったトランプはその後任に保守派のエイミー・バレットを指名しました。上院院内総務は変わらずマコーネルでしたが、直ちに承認手続きに入り、バレットは連邦最高裁判所の判事として承認されました。判事が死去してからわずか1か月という短期間での後任就任は、連邦最高裁判所の歴史上、極めて異例です。

2016年の出来事が起こった直前の連邦最高裁判所の判事の構成は、保守派4名リベラル派4名、保守寄りの中道派1名だったので、ガーランドが就任すれば、判事の構成がリベラル派5名と変わるはずでした。しかし、マコーネルの判断によってそうなりませんでした。そして、2020年にリベラル派のギンズバーグの後任に保守派のバレットが就任したため、リベラル派は3名となりました。この出来事を受け、連邦最高裁判所の判事の構成が政治的に操作されたとの意識が強くなり、連邦最高裁判所の判事に対する信頼感が低下し、連邦最高裁判所の正統性が揺らいだのです。

なお、中道派とされたアンソニー・ケネディもトランプ政権期の2018年に引退表明して後任に保守派のカバノーが就任していたため、現在では共和党大統領が指名した連邦最高裁判所判事が6名となっています。そのうち4名については、彼らを承認した連邦議会上院議員が代表する州民の数を足しても、アメリカ国民の半数を下回ります。他方、民主党大統領が指名した判事については、彼らを承認した上院議員が代表する州民の数は半数を上回っています。

このような状況になっていることもあり、とりわけリベラル派の間で、連邦最高裁判所に対する信頼が低下しています。バイデン政権期に連邦最高裁判所判事の数を増員するべきだと提唱する人々がいた背景には、このような事情がありました。2016年と2020年の任命手続きをめぐる問題は、アメリカの司法政治に深い傷を負わせたのです。

下級審の判事も大統領が指名

大統領が指名するのは連邦最高裁判所の判事だけではありません。下級審、すなわち、連邦地方裁判所と控訴裁判所についても同様です。ただし、大統領と同じ政党の人物が連邦上院議員を務める州の連邦地方裁判所の判事を指名する時には、その上院議員が了承した人物を指名するのが暗黙の約束事になっています。

連邦最高裁判所だけではなく、下級審の判事も大統領が指名できることは重要な意味を持ちます。論争的な分野については判例の積み重ねが重要です。また下級審の判事として任命された人物は、後々最高裁判所の判事候補として考慮される可能性も高くなります。

判事の任命問題というと、連邦最高裁判所のみに注目が集まりがちですが、下級審の判事の任命も重要なのです。

3　大統領と裁判所の〝駆け引き〟

大統領に対する「裏切り」!?

選ばれた判事も、自らを選んだ大統領の望みと異なる判断をする場合があります。ハリー・トルーマン大統領は、自らの親友を連邦最高裁判所の判事に指名することはできるが、任命された後、彼らはもはや親友ではなくなる、という趣旨の発言をしています。

公民権や人工妊娠中絶、同性婚を認めた、進歩的とされる判決の判決文を書いた判事は、全て共和党の大統領によって任命された人物でした。公民権に関するブラウン判決を書いたのは、アイゼンハワー大統領が指名したアール・ウォーレンでした。人工妊娠中絶の権利を認めたロー判決を書いたのはニクソン大統領が任命したブラックマンでした。同性婚の権利を認めたオバーゲフェル判決を書いたケネディは、レーガン大統領が指名した判事でした。いずれの場合も、保守的な大統領が保守的だと判断した人物を判事に指名したのですが、それら判事は彼らを指名した大統領たちの想定とは異なった対応をとったのです。

なお、そもそも連邦政府は連邦最高裁判所と対立する状況にしばしば陥るため、連邦政府が訴訟当事者となる事件を担当する訴務長官が存在します。訴務長官は閣僚級の位置づけにあるため連邦議会上院の承認が必要です。彼らはしばしば10番目の判事と呼ばれ、判事との間で論争を繰り広げることもあります。

国民からの支持を重視する判事たち

連邦裁判所、とりわけ連邦最高裁判所の判事は、裁判所の正統性を維持するために戦略的に行動することがあります。個々の判事がその信念に基づいて判断を下すことはもちろん重要ですが、裁判所自体の信頼度が低下してしまっては意味がありません。そのため、連邦最高裁判所の判事は、組織的な利益を増大させることを目指して、世論の動向を踏まえた決定を行うことがあります。

例えば2015年にオバーゲフェル判決で連邦最高裁判所が同性婚を合法化する判決を下したのは、世論の変化を受けての判断だったと考えられています。同性婚に関する世論は、反対が6割程度、賛成が4割程度という状態が21世紀に入ってから続いていましたが、

1996年から2020年にかけての同性婚に対する人々の考え方の推移

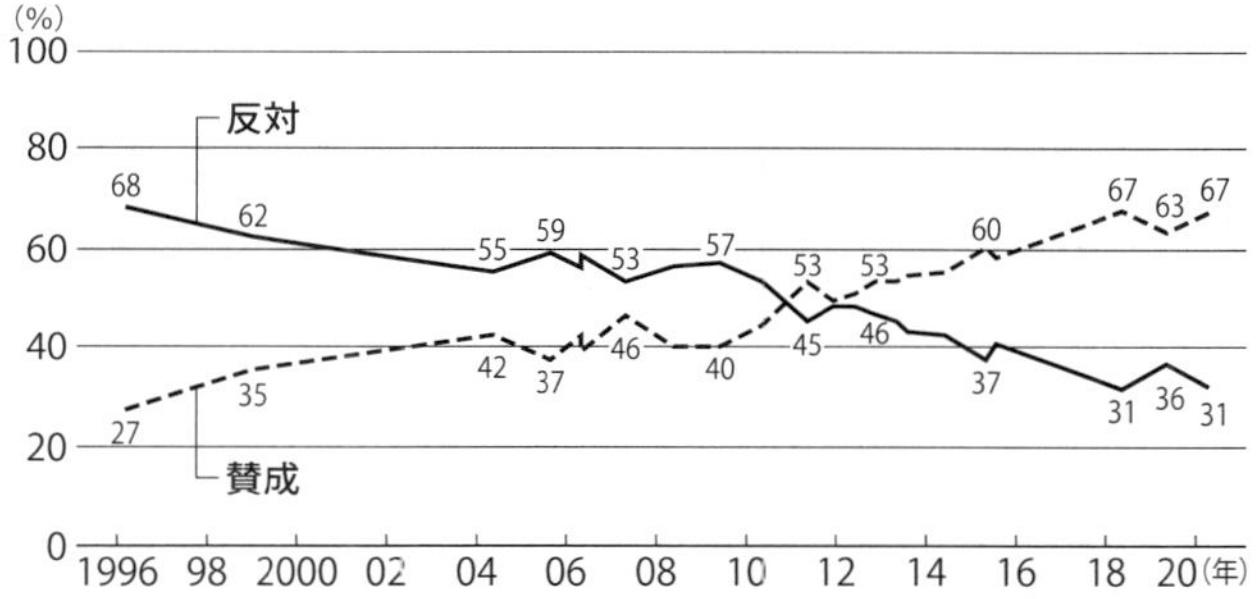

ギャラップ社のデータをもとに作成

２０１１年を機に逆転しました。このような世論の変化を受けて、連邦最高裁判所の判事も同性婚を容認することを決定したのです。

　連邦最高裁判所の判事は、連邦議会議員や大統領のように国民の審判を受けることはありません。しかし、彼らも国民からの支持を重視しています。仮に、連邦最高裁判所に対する国民の支持・信頼度と、立法部門や行政部門に対する国民の支持・信頼度の強さを比較して前者が圧倒的に強い場合には、連邦議会や大統領も司法部の判断を受け入れるでしょう。しかし、連邦最高裁判所に対する支持・信頼度が低下していくと、連邦議会も大統領も連邦最高裁判所の下した判決を批判することで、自らに対する支持を強化しようとするかもしれません。連邦最高裁判所に対する信頼度が低い場合には、大統領が判決に沿った政策を執行しないかもしれませんし、連邦議

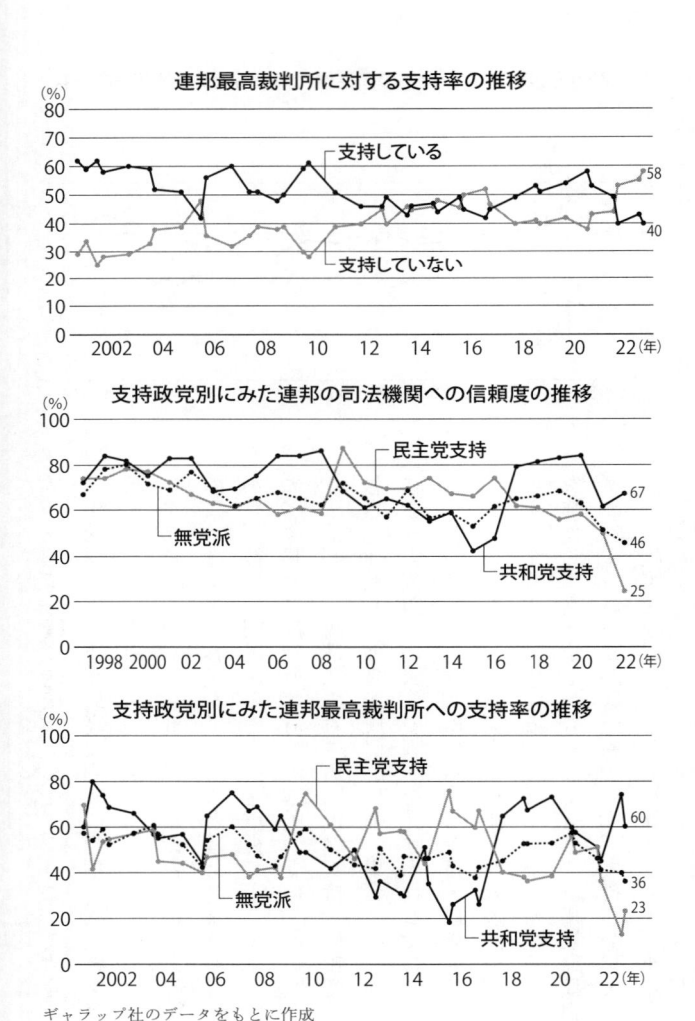

連邦最高裁判所に対する支持率の推移

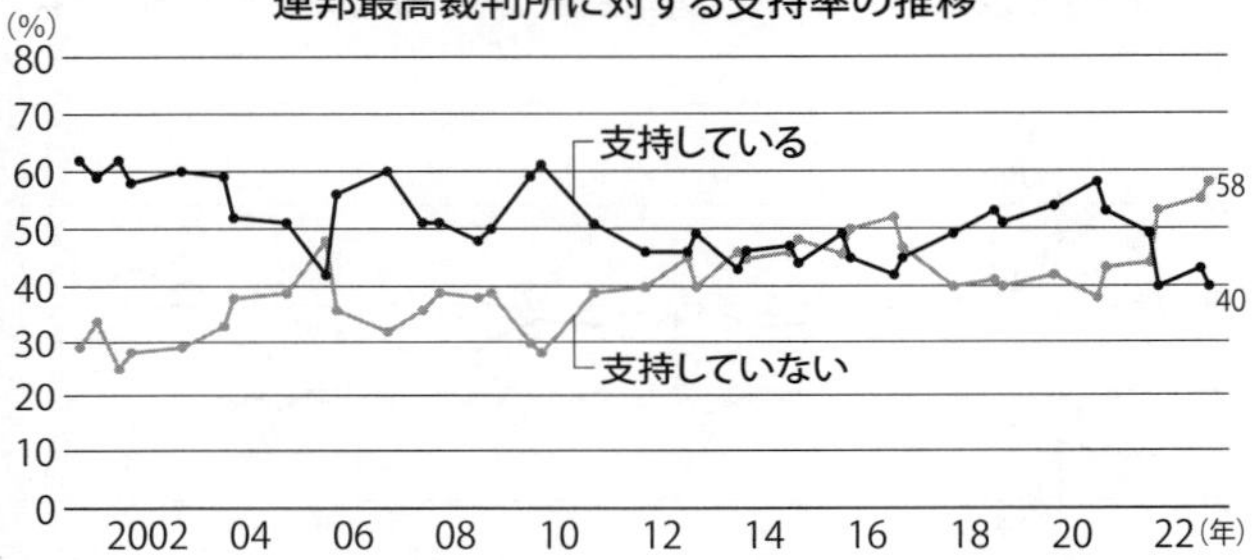

支持政党別にみた連邦の司法機関への信頼度の推移

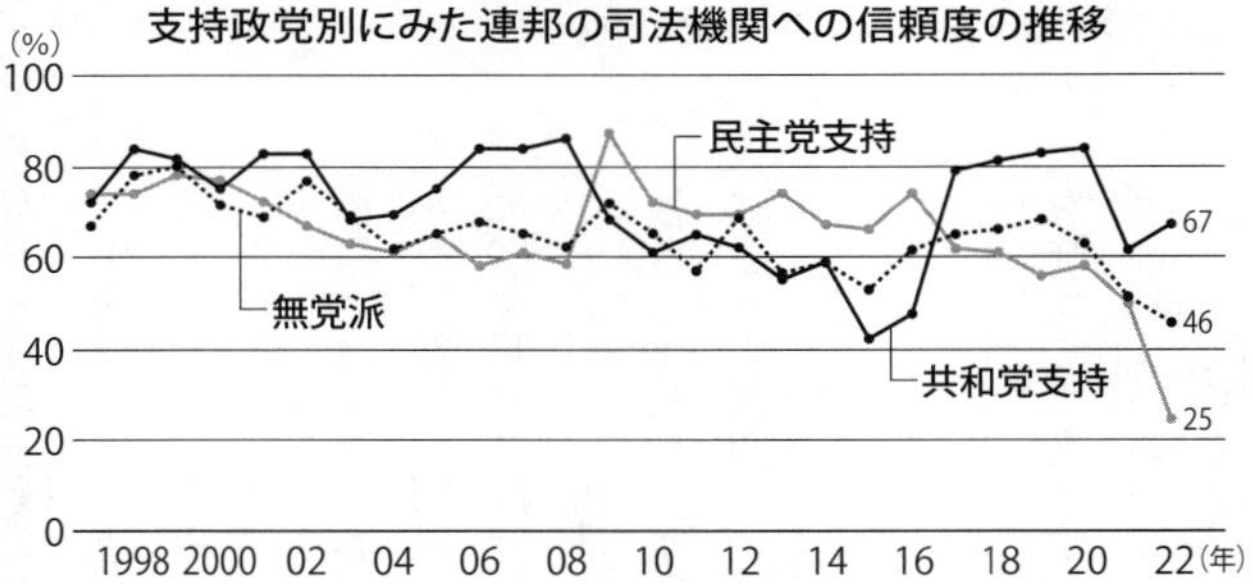

支持政党別にみた連邦最高裁判所への支持率の推移

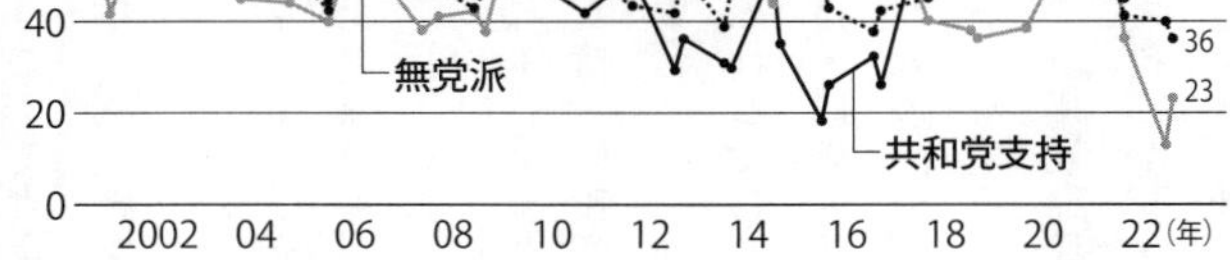

ギャラップ社のデータをもとに作成

会が判決を覆す内容の法律を制定しようとするかもしれません。

連邦最高裁判所の判決に対する敬意がない状態は、連邦最高裁判所全体の威信に関わるため、避けなければならないのです。

連邦最高裁判所の戦略的行動

このように、連邦最高裁判所の判事は戦略的な行動をとるのですが、９名の判事の中でも、イデオロギー的に中間の立場に立ってキャスティングボートを握る人物が重要な役割を果たすことが多くなります。例えば、同性婚が合法化された際には、判事の構成は保守派４名、リベラル派４名、保守寄り中道派１名の状態でしたが、保守寄り中道派のケネディが世論の動向を踏まえて同性婚を認めるべきだと判断したと言われています。

そして２０１８年に保守寄り中道派のケネディが引退し、その後任にトランプが指名した保守派のカバノーが就任したことで、連邦最高裁判所の構成が保守派５名、リベラル派４名となった後は、９名中イデオロギー的に中間に位置することになった主席判事のロバーツが、穏健な判断をとるようになりました。彼はもともと連邦最高裁判所が正統性を維持することが重要だとの認識を強く持っていました。例えば２０１２年にオバマ・ケア（国民皆医療保険制度改革）の合憲性が問われた際、元々はオバマ・ケアを違憲だと考えていたようですが、同法への国民の支持の高さを考えて合憲と認める判決文を自ら執筆しています。しかし、リベラル派のギンズバーグ判事が死亡し、その後任に保守派のバレットが指名されたことで、状況が変わります。連邦最高裁判所の構成が保守派6名、リベラル派3名と、保守派優位の傾向がより鮮明になり、ロバーツがどのような行動をとっても保守的な判決が出ると想定されるようになると、ロバーツは保守的な判断を下すようになりました。これは裁判所の構成が保守優位になったのを受けて、保守的な判決の重みを増大させるために、自らも保守的な立場を取ることが連邦最高裁判所の利益となると判断した結果なのかもしれません。

アメリカの政治社会において、連邦最高裁判所は非常に重要な役割を果たしています。そして大統領はその判事を指名する権限を持つため、大統領自身も連邦最高裁判所との関わりを非常に重視していることがおわかりいただけるでしょう。

しかし、アメリカにおいては権力分立が厳格に存在しており、連邦最高裁判所の判事も一旦判事に就任した後は、自らの役割を正当に果たすために大統領と対峙することがあり得るのです。このような意味においても、大統領と裁判所の関係の重要性を認識していただくことが必要です。

【コラム】連邦最高裁判所に対する不信感

アメリカの政治不信は、法の支配を体現する機関であるはずの裁判所にも及んでいます。2023年7月にギャラップ社が行った世論調査では、連邦最高裁判所に対する支持率は40%と低くなっています。不信感はとりわけリベラル派の間で強くなっています。

連邦最高裁判所がリベラル派から信頼を失墜したのには、いくつもの理由があります。第一は、本文でも記した2016年と2020年の判事の欠員補充をめぐる問題です。第二は、2018年にアンソニー・ケネディの後任としてトランプ大統領が指名したブレット・カバノーに、十代の頃に性的暴行事件を起こした

連邦最高裁判所判事に指名されたカバノー氏に女性への性的暴行疑惑が生じたことで抗議デモが行われた

との疑惑が存在したことです。第三に、保守派判事のクラレンス・トマスとサミュエル・アリトに共和党大口献金者から接待や便宜を受けていた疑惑が浮上するとともに、両者の家族が顕著に政治的な行動をとっていることが指摘できます。第四に、現在の保守派判事は、ジョージ・W・ブッシュとトランプという、当選時に選挙人票で多数を握ったものの、一般投票数では敗北した大統領が任命した人物が多数を占めています。またその就任を支持した上院議員が代表する各州の有権者の数を合計しても全国民の半数を下回る人が6名中4名を占めています。

トランプは複数の訴訟事件を抱え、自らに有罪判決を出した裁判所を強く批判するなど、司法部への信頼を損ねる行動をとっています。司法部の信頼回復が早急に望まれています。

第5章
選挙・世論・メディア

記者からの質問に答えるトランプ大統領

1　「再選」を目指して行動する大統領や議員たち

中間選挙は「大統領に対する中間評価」ではない

大統領は、政策を実現する上では選挙対策をしっかりと念頭において行動する必要があります。初代大統領であるジョージ・ワシントンが2期8年間大統領職を務めた場合には辞任するという先例を作りました。また、1951年に成立した合衆国憲法修正第22条で大統領の任期は2期8年を上限とすることになりました（ただし、副大統領から昇格し、その期間が2年に満たない場合は、その期間を加えることができます）。そのため、歴代の多くの大統領は再選を果たして2期務めることを目標としてきました。

また、連邦議会議員に関しては就任期間の上限が存在しないため、次の選挙での再選を最重視しながら行動しています。立法活動を行う上で連邦議会の協力は不可欠であり、志を同じくする政治家、同じ政党の政治家がより多く当選する方が好ましいことを考えると、大統領も連邦議会議員が再選を目指して行動していることを認識する必要があります。

大統領は、連邦議会議員の選挙に大きな影響を及ぼす存在です。連邦議会選挙は基本的には偶数年に行われますが、大統領選挙に関心のある人は多いため、大統領選挙年の投票率は高くなります。人気のある大統領候補がいる場合は、同じ政党の連邦議会議員も多く当選する傾向があります。紳士用のロングコートの裾に様々なものがくっついてくることのイメージから、この現象は「コートテール」と呼ばれます。民主党のバラク・オバマが当選した時、共和党のドナルド・トランプが当選した時に、その人気にあやかって当選した政治家が多数いたことを想起すればわかりやすいでしょう。

この反面、大統領選挙が行われない中で連邦議会選挙が行われる、いわゆる中間選挙の投票率は、相対的に低くなり、大統領の所属政党は議席を減らす傾向があります。政党のためというよりは大統領のために投票した人が選挙に行かなくなることから、大統領の政党が議席を減らすのはある意味当然です。

しかし、メディアはそのような事情を、十分に理解していません。そもそも、大統領と連邦議会は本来、抑制と均衡の関係に立つべきものであることから、連邦議会選挙が大統領への評価とは別の原理に基づいて行われるべきことも十分に考慮しません。その結果として、中間選挙の結果は「大統領に対する中間評価」であるという、大統領にとっては不思議な言説が登場し、大統領の政党が議席を減らした場合には（そしてそれはほぼ常にそうなのですが）大統領に対する批判がなされます。

大統領からしてみれば言いがかりのように聞こえるかもしれませんが、そのような議論が一般的である以上、所属政党の議席数が減少しないように努めるより他ありません。議会での協力者が減っても、世論とメディアから批判されても、大統領の持つ政治資源は低下します。そのため大統領は、中間選挙にも関与する必要があるのです。

常時選挙戦状態下にあることを意識する近年の大統領

政治的景気循環と呼ばれる議論があります。選挙直前に景気が良くなっていれば、現職政治家、とりわけ大統領の所属政党の政治家に有利になる傾向があるため、選挙の際には政権も積極的に財政出動する傾向があります。また近年では世論の内向き傾向が鮮明になっているため、内向きの政策が選挙前には強く打ち出されます。自由貿易による通商拡大を提起するよりも国内産業の保護を、普遍的な人権の擁護よりも国内の治安維持のための移民排斥を訴える傾向があるのです。

選挙に関するこの傾向は、アメリカ政治にとって大きな影響を持ちます。近年のアメリカ政治は常時選挙戦状態になっているからです。連邦議会下院は偶数年（2年ごと）に全ての人員が改選されますし、奇数年には州や地方の選挙がある場合もあります。影響力の大きい州の選挙は、大統領の政権運営、とりわけ政策執行に大きな影響を及ぼします。そのため、大統領は常に選挙を念頭において行動する必要があるのです。

2　政治資源としての世論

世論と民主政治

政治家が世論にどのように向き合うかは、難しい問題です。政治家は世論に耳を傾けろ、と言われる一方で、世論に迎合するなという声も突きつけられます。これらの主張には矛盾した面がありますが、有権者はその両方の主張ともに正しいと、素朴に考えているのです。

アメリカの建国者たちは、大統領を含む政治家が世論に迎合するのを望んでいませんでした。建国者たちは、無知蒙昧な一般大衆ではなく、公徳心を持った政治家が公共の利益を実現することを、共和政の理想と考えました。一般国民が大きな政治的影響力を持つ民主政治を、好ましくない政治体制だと考えていたのです。また、大統領、連邦議会上院議員、下院議員の選挙の時期と選出母体を全て変えることで、それぞれを抑制と均衡の関係に立たせ、多様な観点に基づく利益・関心を調整していくことが良い決定につながると期待しました。

建国当初は、大統領も世論に惑わされず、毅然と信念に基づいた活動ができたのかもしれません。しかし、1830年代のジャクソニアン・デモクラシー期以降、民主政治が正統性を得ていく中で、政治家も世論の声に耳を傾けることが必要だとの認識が強まり、大統領の政治にも大きな影響を与えるようになっていきます。

リップマン命題は正しいか?

世論を理解するのは容易ではありません。科学技術が進歩する前は、政治家は目前の聴衆の喝采の度合いで世論を判断していたと思われますが、今日では科学的な世論調査が様々な形で実施されています。しかも、調査会社によって調査で用いられる文言が違ったり、調査対象が変わったりします(例えばある調査では常に新しい調査対象に電話やインターネットで接触しますが、同じ人を対象として継続して調査をする会社もあります)。世論の反応は、質問文でどのような文言が使われるか(例えば、貧困者への支援といえば肯定的な態度が示されますが、福祉という表現が使われれば否定的な反応がなされます)、誰を対象とするかで変わってきます。政治家は、各社の傾向を念頭に置いたうえで、世論の状態を評価する必要があります。

911テロが起きた後の14日、瓦礫が散乱した現場で国民に向けてスピーチをするジョージ・W. ブッシュ大統領

一般的にイデオロギーや信念は一旦形成されるとなかなか変わりませんが、世論は急激に変化することがあります。とりわけ戦争などの危機の時代には、世論は急変します。２００１年の９１１テロ事件の直後、それまで支持率が低かったジョージ・W・ブッシュ大統領の支持率は急上昇しました。彼はテロ事件の後にスピーチはしましたが、何か具体的な策を講じたわけではないにもかかわらずです。その後、ブッシュ政権は世論に従ってアフガニスタン戦争やイラク戦争を実施すると宣言し、一定の賛同を得ました（ただし、実際には、イラク戦争の前にイラクと戦争をするよう求めた世論調査の結果があったわけではありません）。しかし、戦争が長期化する中で、ブッシュの支持率

ジョージ・W・ブッシュ大統領に対する国民の支持の推移

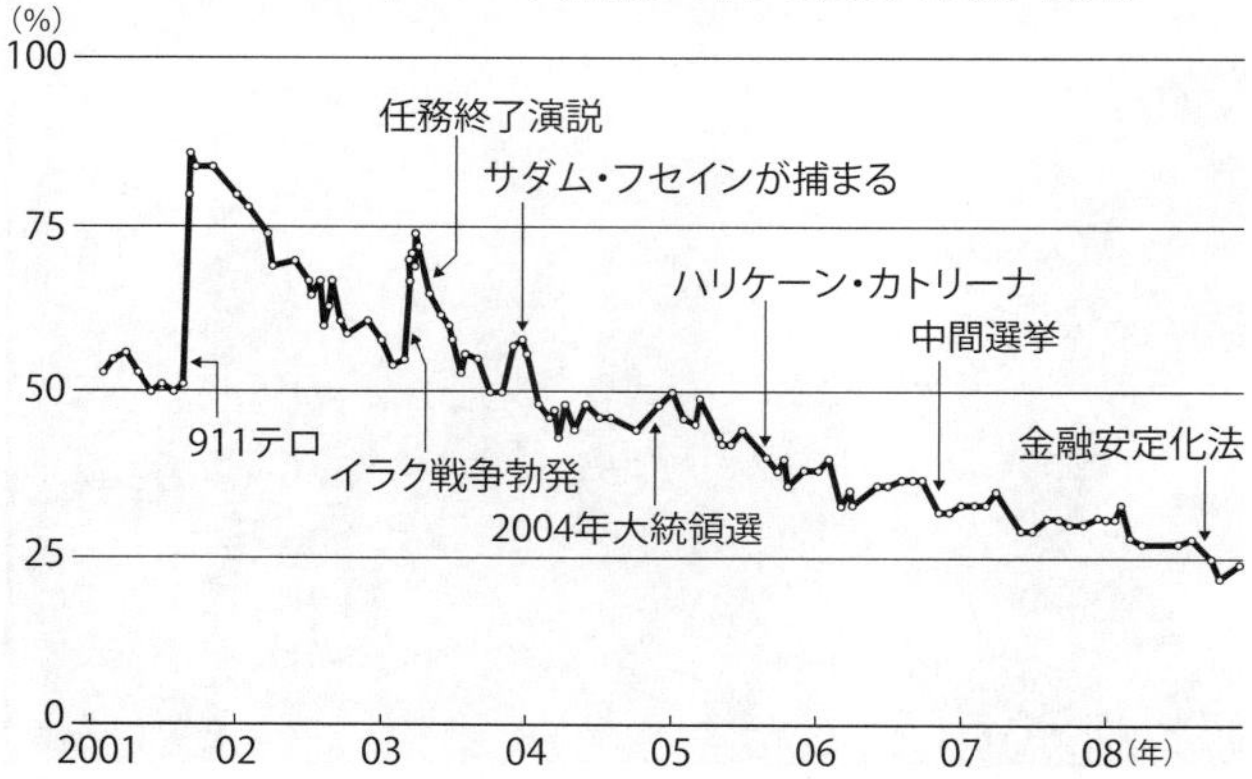

出典：https://www.pewresearch.org/politics/2008/12/18/bush-and-public-opinion/

は急降下しました。

　このように世論は移ろいやすく、時に危険な結果につながる可能性があります。世論の危うさを強調したのが『幻の公衆』『世論』という有名な著作を持つジャーナリストのウォルター・リップマンでした。彼は民主政治を世論の支配とみなすのは誤った理想であり、多くの人の判断や認識は偏見、ステレオタイプに基づいて作られていると主張しました。彼は、人々は見てから決定するのではなく決定してから見る、すなわち偏見や思い込みに合致する事実しか受け入れないと指摘しています。しっかりとした根拠がない状態でも、世論は急激に変化することがあるのです。

　政治家も、自らの政治的な失敗を世論の

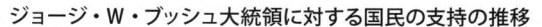

変化のせいだと言い訳をすることがあります。一面ではその通りかもしれません。しかし、政治に関わる人間は、世論が急速に変化する可能性があることを認識した上で行動する必要があります。

そもそも、リップマンは、実は世論そのものについて論じていたとも言えないかもしれません。リップマンの指摘は、厳密にいえば、世論そのものではなく、世論の元となる個人の意見・見解について当てはまるように思われます。個人の意見が急激に変わる時、そのタイミングや結果を予測するのは困難です。他方、世論はたしかに急変しますが、その動き方にはパターンがあり、予測可能性が高いのです。

ジャーナリスト、政治評論家のウォルター・リップマン。著書に『世論』『幻の公衆』など。ピュリッツァー賞を2度受賞している

リップマンの議論を音楽に例えるならば、世の中の大半の人は音痴で調子外れかもしれません。しかし、世論とは音痴な個々の歌い手の歌ではなく、音痴な人が集まって行った合唱のことなのです。音痴が集まっていても合唱なら、意外と苦痛なく聴くことができ

るのではないでしょうか。そして多くのチームが合唱すると、間違えるところはたいてい同じで、間違うパターンも存在します。

ですから、政治家が世論の急変を自らの判断の誤りの理由にするのは、必ずしも同情するべきことではありません。実際には結果をある程度予測できる可能性は高いのです。大統領は、世論がどのように変化するのかも予測した上で冷静な判断を行い、行動する必要があります。

報道官とスピーチライター

日本の首相や閣僚と比べて、アメリカの大統領や閣僚は、世論についての考慮を慎重に行うことが可能な状況にあります。少なくとも大統領や閣僚は、世論からの反発を招く可能性を自ら作り出す心配は、相対的に少ないと言えます。

日本の首相や閣僚は、国会でしばしば答弁を求められます。また首相は「ぶら下がり」と称して相当な頻度で記者のインタビューを受けます。

しかしアメリカでは、大統領や閣僚など行政部の構成員が立法部である議会で発言する機会は原則としてありません（大統領が下院議長の招待に応じて教書を発表する時は例外です）。合衆国憲法の規定上、副大統領が上院議長を兼ねることになっていますが、副大統領が議場で重要な役割を果たすことは基本的にはありません。また大統領や閣僚は専属の報道官を任命しており、日常的な記者会見は彼らの仕事です。そして日本の首相や閣僚とは比べ物にならない膨大な数のスタッフがついているため、会見などで行われる発言は、その一つ一つが慎重に検討されています。言葉の選び方一つでニュアンスが変わることをスピーチライターたちは十分に承知しているので、不用意な発言をしてしまう危険性は相対的に低いのです。

とはいえ、最終的に物事を語るのは大統領自身なので、その点を自覚する必要はあります。トランプもバイデンも、スピーチライターの原稿がなく、有権者と直接対峙する時には、リップサービスをしたつもりで問題発言をしてしまうことがありました。また、連邦議会議員の中でも、新人や政党内での地位が低い人たちは、有能なスタッフを雇用することができているとは限らず、自らの発言が政治に及ぼす影響についての自覚も乏しいため、不用意な発言をする可能性があります。不適切な発言がされた際にしっかり火消しを行うことも、大統領にとって重要になります。

世論を踏まえて政策の見せ方、論じ方を変える

大統領が世論とどのように付き合えば良いのかは非常に難しい問題です。世論を見て発

言内容を変えるのは、大衆迎合的で好ましくないと指摘する論者も存在します。それはたしかに一つの見識です。しかし、大統領は全国民を民主的に代表する唯一の存在であることを考えると、世論を見て、全ての人に良い顔をしようとすることは、ある意味では民主的であり、高く評価されるべきでもあります。

ただし、大統領が世論をそのまま反映して行動することは、実は不可能に近いです。なぜならば、世論は全体としてみれば矛盾していることが多いからです。例えば世論調査で貧困者支援策を拡充するべきかと問われた場合、多くの人が拡充を支持するでしょう。しかし、同じ調査内で増税をするべきかと問われると、多くの人が反対するはずです。貧困者支援を拡充する、しかし増税は行わないという両方の主張を矛盾なくつなぐためには、打ち出の小槌がなく、国債の発行も容易でない状況においては、他の政策の支出を減らすより他ないでしょう。しかし、他の様々な政策について問われた場合には、世論はおそらく大半の政策について拡充を求めるのではないでしょうか。世論の求めるものは矛盾しているのです。

この状況の中で、大統領は責任ある判断をする必要があります。例えば、大統領は自らが公約に掲げた政策や自らの支持基盤が求める政策を実現するために、世論が好むフレーズを用いて議題を設定し、世論が反発しそうにない議論の仕方を模索する必要があるかもしれません。世論に迎合して政策を変えるのではなく、世論の状況を踏まえて政策の見せ方、論じ方を変えるということです。

例えばアメリカ国民は貧困者支援の拡充には賛成しますが、福祉支出の増大には反対する傾向があります。アメリカでは福祉《ウエルフエア》という言葉には、働く能力があるにもかかわらず、働かずに政府の金で生きようとしている怠け者というニュアンスが伴っています。実態としては、貧困者支援と福祉は相当程度に一致する政策ですが、言葉の使い方で世論の印象が変わってくるのです。

他にも景気後退という表現を使うよりは、景気回復を早期に目指すと言う方が印象は良くなります。インフラ整備というよりは、インフラ投資という表現の方が好まれます。課題の設定の仕方、議論のフレーミングの技術が法案の成否を左右するのです。

常時選挙戦モードに入っているアメリカの状況と、世論の支持が大統領の最大の権力資源であることを考えれば、世論を念頭に置きながら政治を行うことは、結果的に責任のある政治を実施することにつながるとも言えるでしょう。

地域別の世論や各集団の意向を意識

なお、選挙との関係でいえば、大統領や政治家は、国民全体の世論よりも地域別の世論

ユニビジョンはスペイン語専門のテレビ局。1962年に開局し、アメリカ国内におけるスペイン系住民の増加に伴いネットワークを拡大

や各集団の意向をより気にかけているかもしれません。近年では世論調査の技術は進歩しており、地域、人種・民族、宗教、性別、年齢、学歴など、様々な属性ごとの有権者の態度を測定することができます。また、様々な調査機関や政治コンサルタントは、多様な属性の人を集めて、どのような表現を用いればどのような反応が返ってくるかを調査しています（フォーカス・グループの調査）。

メディアなどの媒体も多元化しています。例えばケーブルテレビにはスペイン語専門のチャンネルが存在しており、中南米系の人がその番組を見る可能性が高くなっています。そのため、大統領もメディアを戦略的に活用して、例えばアメリカ国民全体が見る可能性が高い番組で流すテレビコマーシャルと、スペイン語の番組で流すテレビコマーシャルの内容を変えるなどの工夫が必要なのです。

どのような人が触れる情報なのかをしっかり認識しながら、メッセージの出し方を戦略的に考慮していくことが必要になるのです。

3　メディア対策

メディアをうまく利用する

メディアを味方につけることは、大統領にとって非常に重要です。

メディアは新聞・雑誌、ラジオ、テレビ、デジタルと発達してきましたが、その発達に応じて大統領に求められる能力も変わってきました。例えば、F・ローズヴェルト大統領は、ラジオを積極的に活用して炉辺談話と呼ばれるメッセージを出して支持を集めました。しかし、彼はポリオが原因で足が不自由で車椅子に乗っていたため、もしテレビの時代が早く来ていれば力強さを演出できずに、当時ほどの人気を得られなかった可能性があります。

1934年9月、政府と資本主義についての炉辺談話を行うF.ローズヴェルト大統領

1960年の大統領選挙は、テレビが大きな影響力を持つきっかけになった選挙だと言われています。共和党候補のリチャード・ニクソンと民主党候補のジョン・F・ケネディが討論を行いましたが、その模様をラジオで聞いた人はニクソン勝利と判断し、テレビで見た人はケネディ勝利と判断したと言われています。メッセージ自体を聴くとニクソンの主張の方が具体的で説得力があると考えられましたが、ニクソンは遊説から帰ったばかりで汗だくであり、疲れているように見えました。これに対して、ケネディはテレビ映りを意識して行動していました。そのため、テレビを見ている人は、ケネディが若々しく、力強く、落ち着いているとの印象を持ったと言われています。

俳優出身の大統領であったロナルド・レーガンもテレビ映りが非常に良かったと言われています。それ以降の大統領も、テレビ映りを意識しながら、メッセージの内容だけでは

ジョン・F. ケネディ上院議員とリチャード・M. ニクソン副大統領の最初の大統領選討論会。1960年9月26日撮影

なく、話し方やスピード、映る角度、ネクタイの色なども、状況に応じて選択しています。今日はケーブルテレビなども発達していてニュース番組が増えているため、テレビでの映り方を念頭に置きながら政治行動をする必要があります。

なお、最近ではテレビやデジタルの重要性が高くなっているのは間違いありませんが、ラジオも依然として重要なメディアです。アメリカのとりわけ農村地帯では、人々は車で移動することが多く、場合によっては一日のかなりの時間を車で過ごす人もいます。その際にラジオをつけていることが多いのです。そのような人たちがいることも踏まえて、テレビ、ラジオ、デジタルと様々な媒体に留意しながら、政治家はメディア対応を考える必要があります。

短時間でインパクトを残すテレビ

デジタルの重要性が増大している今日でも、テレビは重要な意味を持ち続けており、政治に影響を及ぼします。

メディア受けのよい政治家は高い支持を得やすくなるため、政治家はテレビ出演時には、どのような角度で映るか、ネクタイの色や髪型はどうするかなども意識して行動します。興味深いことに、民主党の政治家には聡明そうに見えるよう意識する人が多いですが、2016年大統領選挙以降、ポピュリズムの傾向が強まる中、共和党の政治家は、粗野で庶民的なイメージを作り出そうとしているように見えます。実際には共和党の政治家も有名なエリート大学を卒業しているにもかかわらず、反知性主義、反エリート主義の傾向が共和党支持者の間で強まっていることを考えて、振る舞いを変えているのかもしれません。

政治家は、どのようなテレビ番組に出る場合でも、様々な可能性を念頭に置いて行動する必要があります。例えば討論番組に出れば、政治家は長い時間をかけて議論したり、政策の詳細について検討したりすることができます。しかし、討論番組を見る人は必ずしも多くありません。そしてメディアはその番組の中の印象的な部分を編集して、通常のニュース番組で流す可能性があります。通常のニュースで流される映像は、例えば10秒程度ということもありますが、それだけを見ている人にはその政治家が政策に詳しいか否かは判断がつきません。政策の詳細を説明する能力は政治家にとって重要ですが、テレビを効果的に活用するためには、短く印象的なフレーズを用いる能力も必要なのです。

また、討論番組などでは他の人を批判する可能性があります。他人を批判するためのフレーズを念入りに考え、メディアが喜びそうな表現を使うことができれば、そのシーンが繰り返し放送されます。そうなると自分の評判を上げるとともに、その相手の評価を下げることができます。逆に言うと、他の人が自分を批判し、その表現が繰り返し流されてしまうこともあり得るため、ダメージ・コントロールの技術も必要になります。

それに加えて、テレビ広告を流すためには莫大な費用がかかるので、潤沢な資金も必要になります。大統領もメディア対策をしっかり行う必要があるのです。

中立性よりも独自色を狙うオピニオン番組

今日のアメリカでは、ケーブルテレビが発達したこともあって、チャンネル数が非常に多くなっています。このような中でテレビ政治のあり方は大きく変わりました。

伝統的に、メディアはバイアスのかかった報道を避けるため、客観報道の原則を重視してきました。伝統的な報道番組では、特定の党派に有利な情報になる可能性がある見解を紹介した場合には、反対意見も必ず紹介します。また二大政党の候補が討論する場合には、話す時間は同じになるよう試みます。

しかし、フォックスニュースに代表される一部のメディアは、そのような原則には必ずしもこだわりません。彼らは報道番組ではなくオピニオン番組を作っていると主張しています。政治に関する話題を扱っているものの、出演者の個人的見解を紹介することが目的なので、客観報道や党派的中立性の原則を気にする必要はないというのです。また発言内容は発言者の責任であるとして、ファクト・チェックも行わずに誤った情報を流し続けることもあります。

政治的な中立性を考慮しないオピニオン番組は、最初は保守派が作っていましたが、リベラル派メディアも同じような番組を作るようになりました。その背景には、多チャンネル化が進展したことによって、各番組が特色を出そうとしたことがあります。客観報道を原則にする番組は特徴を出しにくいのです。

支持者にしかメッセージは届かない

番組が多様化すると、視聴者は、自らと政治的立場が似た番組を心地よいと感じるようになって、異なる立場の番組を見なくなります。二つのアメリカと呼ばれるほどに分断傾向が鮮明になっている今日では、もともと大統領に批判的な人々は大統領を批判する番組ばかりを見るようになり、いかに大統領が効果的なメッセージを出しても、見てもらえなくなってしまいます。選択的接触の傾向が強くなると、分断傾向は強まることになります。

この傾向はインターネット・メディアが発達すると、より顕著になります。例えばFacebookでは、「いいね」ボタンを押すと、それに類似した情報ばかりが掲載されるようになります。X（かつてのTwitter）でも同様に、類似情報が繰り返し表示されます。このように、メディアの属性によって社会の政治的分断が増幅される可能性があります。

政治家や活動家が行うスピーチも、その支持者には好意的に受け止められる可能性が高くなりますが、反対派はその否定的な評価のみを繰り返し耳にする可能性があります。2016年大統領選挙の際、トランプは誤った情報を流し続けました。これに対し、民主党候補のヒラリー・クリントンはトランプの発言に対するファクト・チェックを行って発表しましたが、その情報を目にしたのは、元々クリントンに投票する意思を持つ人だけでした。大統領も、このような状況が生じていることを念頭に置いて行動する必要があります。

フェイク・ニュースにどう対応するか

今日ではインターネット・メディアの重要性が増大していますが、それに巧みに対応するのは困難です。インターネット・メディア、デジタルの分野では、真偽が確認されていない情報が流布することもあります。また、扇動的でセンセーショナルな情報が拡散される傾向もあります。さらには、極端な見解や誤った情報がボットと呼ばれる機能によって増幅される危険性があります。

フェイク・ニュースは、対立する勢力が作るだけではありません。外国が政治への介入を目的として作る場合もあります。また、国内外を問わず、注目を集めてアフィリエイト収入を得るという目的で、政治的な意図なくフェイク・ニュースを作る人もいます。近年では、ロシア、中国、北朝鮮などの権威主義国が、特定の政治家を批判するだけではなく、権威主義的な政治体制の方がよいのだというメッセージを広めようとして、アメリカのような民主主義国の政治を混乱させようとすることも多くなっています。

科学技術が進歩することによって新たな問題が発生していますが、それに対抗するためのソフトウェアも、実は随時アップデートされています。大統領選挙の際には、攻撃側からも対抗する側からも、新しい技術が生み出されています。しかし、そのようなソフトウェアは必要とする人が政治家に限定されている一方で、購入する必要性が高いため、最新版のソフトウェアの価格は売り手の言い値になるという問題が発生します。高すぎるという理由で購入をためらった場合は、対立する勢力の思う壺となってしまうかもしれません。

最新のソフトウェアなどを整備して受ける打撃を抑えるためにも、政治家はより多くの政治資金を確保しておかなければなりません。とはいえ、そのために多くの資金を集めると、今度は「あの政治家は腐敗している」と批判を招くこともあります。

一般的に、人はポジティブな情報よりもネガティブな情報に注意を向けやすく、ネガティブな情報の方が記憶にも残りやすいと言われています。これをネガティヴィティ・バイアス、あるいは否定性バイアスと言います。このような困難な問題に今日の政治家は対応する必要があります。大統領は批判の対象となる可能性がとりわけ高いため、インターネット・メディアの弊害にうまく対応していく必要があるのです。

オバマとトランプ、それぞれのメディア戦略

大統領とメディアとの関わりで言うと、大統領ごとにスタイルの違いがあります。例えばバラク・オバマ大統領は様々なテレビに出演しましたが、それは様々なレポーターや記者をバイパスして、自ら直接国民に語りかける方法が有効だと考えたからでした。もともとオバマ大統領はソーシャル・メディアを効果的に使って大統領選挙戦を展開した人物でしたが、インターネットは運動をおこしたり、相手を批判したりする上では効果を発揮するものの、統治をするのには有効に活用するのが難しいメディアであることがわかったた

め、テレビも使うようになったのでしょう。

これに対してトランプ大統領は、伝統的なメディアをフェイク・ニュースを垂れ流すものとして糾弾し、Twitter（現X）などのソーシャル・メディアを積極的に活用しました。トランプから発せられる情報はしばしば誤情報でした。伝統的メディアがファクト・チェックを積極的に行ったものの、トランプは誤情報であることを気にせずに情報を送り続け、それを受け入れる支持者がいるという構図が生まれました。これは非常に興味深い現象です。大統領は国民の大統領として全国民に語りかけることが重要だと長らく言われてきました。しかしトランプは、自らの支持者向けのメッセージのみを出し続けました。そのためにはTwitterが好ましいと考えたのです。

このように、メディアの種類によって、その効果的な使い方は変わってきます。その一方で、政治社会の分断がメディアによって増幅されているのも事実です。社会の分断が顕著になると、それぞれの政治家がどのようなメディアをどのような形で使うかも変わってくることになります。

【コラム】フェアネス・ドクトリン？

アメリカでは１９４９年に連邦通信委員会が地上波テレビとラジオに公平原則《フェアネス・ドクトリン》を導入しました。公共性のある重要問題について一方の見解を報じた場合、対立する立場に反論機会を与えることが求められました。報道機関は二大政党の発言時間を同じにするという原則を定めるなど、政治的公平性を重視した番組作りを心掛けていました。

しかし、公平原則は報道の自由を妨げているという批判が徐々になされるようになります。同原則の対象とならないケーブルテレビや衛星放送が増大して、多様な見解が表明されるようになると、一つの番組内で公平性を担保しなくてもよいのではないかとの指摘もなされるようになりました。その結果、レーガン政権下の１９８７年に公平原則は廃止されました。

メディアが多様化する中では、バランスのとれた報道をしても視聴率を稼ぐことはできません。視聴者確保のために党派色の強い番組作りが徐々になされるようになり、保守派のトークラジオは90年代に大流行しました。司会者の過激発言はたびたび問題視されましたが、視聴率至上主義の下、保守派、リベラル派を問わず多くのメディアが追随することになります。その結果、現在ではメディアも分断してしまい、政党の

・・・・・・・

応援団のような番組が増えました。視聴者も自らと近い見解のメディアにしか接しない傾向が顕著となり、結果的に政治・社会の分断が助長されたといえます。

第6章
政党と利益集団

ロバは民主党、ゾウは共和党のシンボルマーク

1　政党との関係

大統領は党からの無条件の支持を得られるわけではない

アメリカの大統領は自らが所属する政党の協力を得られると想定する人も多いでしょう。日本の政党では、重要案件については党議拘束がかけられ、造反する議員はほとんどいません。近年のアメリカでは二大政党の対立が鮮明になっているとともに勢力も均衡しているため、政権党の政治家が大統領の方針に従うのは当然だと考える人がいても不思議ではありません。

しかし、最近でも、バイデン大統領の様々な政策に対して、民主党内の左派も穏健派も反発することがあります。例えば、イスラエルによる爆撃の非人道性を問題視する人々が、バイデン政権に対イスラエル政策の見直しを迫っています。イスラエルに反発し、パレスチナに共感を示す若者が大学キャンパス内で抗議活動をしていたり、全米黒人地位向上協会がイスラエルへの武器提供停止を求めたりしていますが、それに共感してバイデンを批判する党内左派の政治家が存在します。

他方、バイデン政権が党内左派に強く影響を受け過ぎているとして、党内の穏健派議員が反発しています。例えば、穏健派のキルステン・シネマ議員は民主党から離脱して無所属となり、最終的には2024年連邦議会選挙での再選を断念して引退を表明しました。また、同じく穏健派のジョー・マンチンは、2024年連邦議会選挙で再選を目指さないと表明した後、ノーレーベルズと呼ばれる第三の政党の動きに呼応して、そちらの大統領候補となる可能性も検討しました（最終的には立候補しない旨を表明し、ノーレーベルズも独自候補の擁立を断念しました）。マンチンも最終的には党籍を無所属に変更しています。

このように、アメリカの大統領は党から無条件の支持を得ることができるわけではありません。この章では、まずアメリカの大統領と政党の関係について検討します。そして後半では、アメリカの政党と密接に関わる利益集団について解説していきます。

党首も党議拘束もない政党

アメリカの大統領は政党の党首ではありません。政治学者であったウッドロー・ウィルソン大統領は、ヨーロッパの政党を念頭に置いて、大統領は政党の党首として位置づけられるべきだと主張しました。しかし、大統領は今日でも党首ではありません。議院内閣制の国では国会の多数党が党首を首相に指名するのが一般的ですが、アメリカの場合はそもそも二大政党には党首は存在しません。

アメリカの政党本部は候補者指名権を持っていませんし、仮に候補者を指名しても、その人物が党の候補になるとも限りません。

例えば2016年の大統領選挙では、共和党主流派はフロリダ州知事経験者のジェブ・ブッシュ（第41代大統領であるジョージ・H・W・ブッシュの息子であり、第43代大統領であるジョージ・W・ブッシュの弟）か、同じくフロリダ州に拠点を持つ連邦上院議員のマルコ・ルビオを大統領候補に据えたいと考えていました。何があってもドナルド・トランプを党の候補にしたくないと考えていたのです。

トランプは共和党に強い帰属意識を持っておらず、かつては民主党の政治家に多額の献金をしたり、第三の政党である改革党から大統領選挙に出たりしたこともある人物でした。しかしトランプのような人物でも、予備選挙や党員集会に参加し、支持集めに成功して勝利すれば、党の大統領候補になることができるのです。大統領のみならず、連邦議会議員や州知事も、同様に予備選挙・党員集会で党の候補が決められます。

もちろん選挙資金等の面で、多くの候補が党本部と深い関わりを持っています。選挙資金を党本部に依存する候補は本部の意向に従う傾向が強くなります。とはいえ、自力で予備選挙・党員集会で勝利したという意識を持つ人も多いため、彼ら自身の判断、決定を妨げることはできません。

日本流の党議拘束は実現しないのです。アメリカの大統領は自らの所属する政党の支持を当然のように期待することはできないのです。

分断傾向下では党との密な関係が肝

ただし、大統領は政党を無視して行動することはできません。アメリカの政治体制は、機能的分立としての三権分立と空間的分立としての連邦制を特徴としています。権力分立を特徴とする政治体制の中で、様々な政治主体をつなぐ役割を担っているのが政党です。同じ政党名を冠している候補者は、党本部から選挙資金を提供されたり、有力議員の支援を受けたり、複数の候補が同じテレビコマーシャルに出演して協調姿勢を示したりします。大統領と連邦議会、連邦政府と州以下の政府の関係を、政党が円滑につなぐ役割を果たしているのです。

政党は、人材の発掘という点でも重要な役割を果たしています。選挙区ごとに組織されている政党組織は、有力な候補者を発掘しようと努めています。また、アメリカでは政治任用が幅広く行われています。大統領は閣僚以外にもホワイトハウスのスタッフなど、行政部門で様々な人を任用する必要があります。連邦最高裁判所の判事も大統領が指名する

連邦議会で党主流派が示した方針に従って投票した人の割合

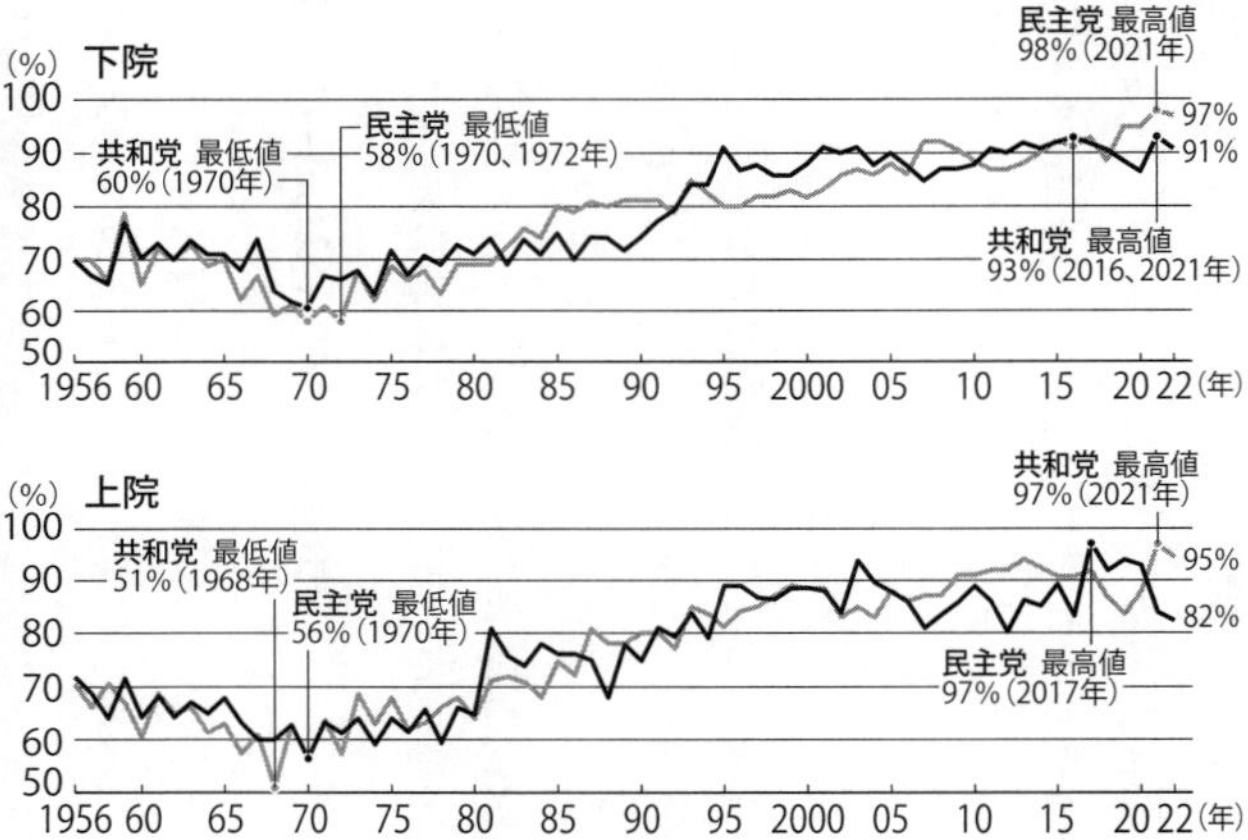

出典：http://media.cg.com/votestudies/

ことになっています。その数は行政部門と司法部門を併せておよそ２５００名程度になり、大統領が一人で指名することは不可能です。政治任用を行う際は、政党に有力な人物を推薦してもらう必要があります。

　政党は選挙時の資金提供の面でも重要な役割を果たしています。連邦議会議員の委員会への配属を決める役割も果たします。いずれ政治家になりたいと考えている人々を登用したり、様々なシンクタンクの研究者やロビイストとの関係をつないだりすることもあります。このように、多くの政治家が政党と深い関係にあるのです。

　大統領と政党の関わりは、今日のよう

に政治社会の分断傾向が鮮明になるとともに、二大政党の対立が激化している状態では、とりわけ重要です。大統領は立法部に属さず、法案提出権も持たないため、法案を作成し提出する人物、法案通過に協力してくれる人物を確保する必要があります。法律を通すにあたって他党からの協力を期待することができない状況では、党の所属議員のほぼ全ての賛同を得る必要があります。党内の極端主義者の声にも耳を傾ける必要があることは大統領にとって大きな制約になりますが、大統領が政党と協力関係を結ぼうとするのは自然なことです。

前頁のグラフは連邦議会で党主流派が示した方針に従って投票した人の割合を示したものです。最近では政党規律が強まっていることがわかるでしょう。１９６０年代から70年代にかけては、超党派的な行動がそれなりに行われていたため、大統領が示した方針に対して他の政党の政治家が賛同することもあれば、同じ政党の政治家が反対することもありました。しかし今日では、そのような傾向は弱まっています。この状況の中で、アメリカの大統領は政党との関係を密にする必要があるのです。

アメリカ国民の政治的イデオロギーの推移

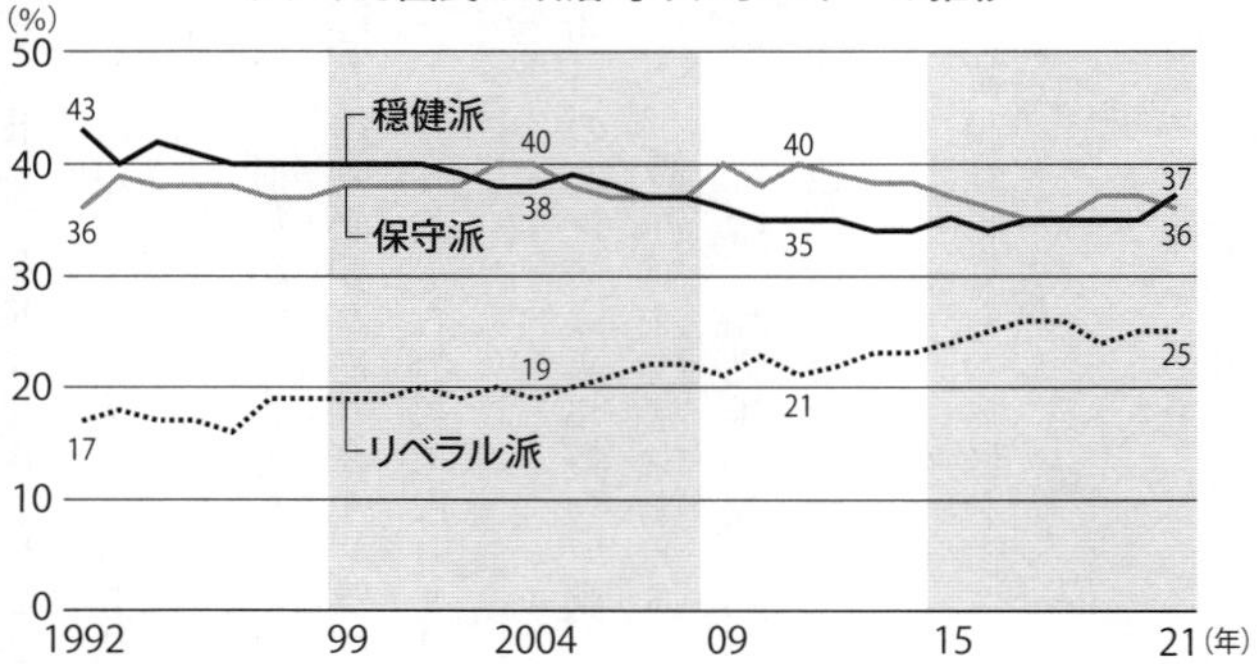

ギャラップ社のデータをもとに作成。https://news.gallup.com/poll/388988/political-ideology-steady-conservatives-moderates-tie.aspx

2　二大政党の基本的性格

利益集団の集合体としての二大政党

アメリカの二大政党は、民主党がリベラルの政党で、共和党が保守の政党だと説明されます。今日のアメリカでは、上のグラフにある通り、保守を自称する人の方がリベラルを自称する人よりも多くなっています。ただし、その保守やリベラルという言葉の意味を確定するのは非常に難しいです。

アメリカの二大政党には、地域政党の連合体としての側面があります。党本部が候補者指名権を持たず、選挙区ごとに開かれる予備選挙・党員集会で党の候補者が決まるため、アメリカ

アメリカの民主党と共和党に対する一般的なイメージ

	共和党	民主党
主義	**経済面では小さな政府、 モラルについては大きい政府** 保守主義 『政府の経済への介入は 最小に！ モラルの面では規制』	**経済面では大きな政府、 モラルについては小さな政府** リベラル 『社会福祉は政府の義務！ モラルについては個人の自由』
イメージ カラー シンボル	 「赤」 シンボルはゾウ	 「青」 シンボルはロバ
主な 歴代大統領	エイブラハム・リンカン シオドア・ローズヴェルト ハーバート・フーヴァー ドワイト・アイゼンハワー リチャード・ニクソン ロナルド・レーガン ジョージ・H.W.ブッシュ ジョージ・W.ブッシュ ドナルド・トランプ	ウッドロー・ウィルソン フランクリン・ローズヴェルト ハリー・トルーマン ジョン・F.ケネディ リンドン・ジャクソン ジミー・カーター ビル・クリントン バラク・オバマ ジョー・バイデン
支持層	白人 福音派キリスト教徒 石油・石炭業界	マイノリティ 労働組合 環境保護派
支持基盤	農業地帯 中西部 南部	大都市 東海岸 西海岸
関係の深い メディア	FOX ワシントンタイムズ ニューヨークポスト	MSNBC ニューヨークタイムズ

の政党は選挙区ごとの党組織や候補者を基礎としています。また、州レベルの組織の自律性もそれなりに高くなっています。さらに、二大政党は、様々な利益集団と結びつきを強めているため、利益集団の集合体としての側面も持っています。

リベラルな民主党

アメリカで民主党が優位を確立するきっかけになったのは、ニューディールと第二次世界大戦でした。1929年に発生した大恐慌で、共和党のハーバート・フーヴァー大統領は有効な対策を打つことができませんでした。その状況を受けて、1932年の大統領選挙では民主党のF・ローズヴェルトが勝利しました。ローズヴェルト政権がニューディール政策を実施したのに加えて、第二次世界大戦がアメリカ経済に特需をもたらしたこともあり、ローズヴェルト政権とその後のハリー・トルーマン政権の時期に民主党は優位を確立し、アメリカも超大国としての地位を確立しました。

第二次世界大戦以後のアメリカは、経済的繁栄の時代を迎えました。経済成長は1970年代の半ばまで続き、民主党は優位を保ち続けました。民主党はニューディールによって労働者を助ける労働組合の政党という性格を持つようになっていましたが、徐々に様々な団体が民主党連合の中に入っていきます。1950年代から60年代にかけて、公民権運動やニューポリティクスと呼ばれる様々な政治運動が活発になる中で、黒人団体や女性の権利を重視する団体、ＬＧＢＴＱの団体や環境保護団体が民主党と密接な関係を築くようになりました。いずれの団体も弱者救済の政党である民主党と親和性が高かったとはいえそうですが、優位を誇る民主党と関係を強化して勝ち馬に乗りたかった面もあるでしょう。

民主党に集った様々な勢力は、自らをリベラル派と称するようになりました。アメリカにおけるリベラルは、ヨーロッパの社会民主主義的な立場に近いとしばしば指摘されます。もともとはニューディールを主導した人々が自分たちのことをリベラルと称していたのですが、徐々に性格の異なる人たちも民主党連合の中に入っていく中で、自称リベラル派が増大しました。そのため、リベラル派の中身をイデオロギーや理念に基づいて説明するのは難しいのです。

保守の共和党

共和党は保守の政党だと言われます。保守とは、何か良いものが過去にあると想定し、その過去に立ち返ることを特徴とするはずです。そして、アメリカが最も古くまでさかのぼることのできる素晴らしい過去とは、おそらく独立宣言と合衆国憲法になるでしょう。しかし、アメリカでは保守派のみならずリベラル派も独立宣言と合衆国憲法を守ろうとしていることを考えれば、そのような価値観を基に保守と共和党を説明するのはおかしいということになります。

単純化を恐れずに言うならば、ニューディール以降、とりわけ1960年代以降に民主党と関わりを深めていった様々な団体に反発を示した人々が所属しているのが共和党です。経済界の人々や減税を求める団体に加えて、人工妊娠中絶や同性婚に反発を示す宗教右派や、環境保護団体に反発するエネルギー業界も共和党を支持しています。2016年の大統領選挙以降には、トランプ支持者も加わりました。

伝統的な共和党を象徴する人物は、ロナルド・レーガン元大統領でした。小さな政府を主張する財政的保守派、人工妊娠中絶などに反対する社会的保守派、そして強いアメリカを標榜する軍事的保守派に立脚し、この保守の寄り合い所帯が共和党だと言われてきました。これらはイデオロギー的に相容れない面も多く、重視する争点も世界観も多様でしたが、社会的保守派の動員力と財政的保守派の経済力に期待しながら、何とか折り合いをつけてきました。

しかし、これに加わったトランプ支持者は、減税は求めますが、その一方で国境の壁に代表される公共事業を要求します。また強いアメリカを求めますが、外国への介入などを認めません。数々のスキャンダルを抱えるトランプはキリスト教倫理に合致していると考えない人もいます（ただし、経済的に成功しているのは勤勉さというキリスト教倫理に合致しているからだとか、神を信じていることに対する見返りとして物質的な富が与えられているのだ〈繁栄の福音〉という議論もあります）。トランプ派は伝統的な共和党とは性格が異なります。トランプ派が入ることによって、共和党、ならびに保守の性格は徐々に変容しつつあります。

ただ共和党の中にトランプ派が入っていったのも、これまでと同じ理屈で説明することができます。トランプ支持者の中心は、保守的な白人労働者層です。彼らは２０４０年代に中南米系を除く白人の人口が総人口の半数を下回る予測や、アメリカ国内で黒人や中南米系、女性やＬＧＢＴＱなどマイノリティの政治的・社会的影響力が増したことに反発を抱く人たちでした。彼らは民主党的な理念、とりわけニューポリティクス的な内容に不満を持っていたことから、アメリカを再び偉大にするという懐古主義的な主張を展開するトランプの下に結集したのです。

その結果、トランプ以降はむしろ共和党が労働者の政党で、民主党が金持ちの政党であるというイメージを持たれるようになってきました。かつては共和党が経済界の政党で、民主党が労働者の政党だとのイメージがありましたが、徐々にアメリカの二大政党の性格は変わってきています。民主党のバイデンは長らく労働者の味方と自らを位置づけてきた人なので、共和党から労働者の支持を取り戻そうとしていますが、今後労働者がどちらの政党と関係を密にしていくかに注目する必要があります。

利益集団と政党の関わりの変化

アメリカの二大政党は利益集団の集合体だと指摘しました。もともと様々な利益集団は、二大政党の双方と関係を深めようとする傾向もありましたが、最近では利益集団と政党の関係は整理されつつあります。

例えば銃規制に反対の立場をとる全米ライフル協会（NRA）は、どの政党に所属しているかにかかわらず、自分たちの方針に合致する候補に献金を行い、方針に反する政治家には追い落としキャンペーンを展開していました。2016年と2020年の大統領選挙で民主党の候補となることを目指していたバーニー・サンダースも、NRAから強い支援を受けていた人物です。しかし、二つのアメリカと称されるほどの分断が進展する中で、徐々に利益団体はどちらか一つの政党と関わりを深めていく傾向が強くなってきました。NRAも徐々に共和党と独占的な関わりを持つようになっています。

アメリカの大統領は、それぞれの政党との関わりを密接にしなければいけません。法律を作ってもらうためにも、統治を円滑に行うためにも、党内全ての政治家の協力を仰がなければなりません。そのため、党内にどのような政治家がいるのか、それぞれの政治家がどのような利益集団の意向を強く反映しなければならない立場なのかを考慮する必要があるのです。

3　利益集団

切っても切れない関係

日本では利益集団と関わりを持つことに対する拒否感が強いです。アメリカでも程度の差はあれ、同様の傾向はあります。そのため、大統領候補は、利益集団やロビイストの政治的影響力の低下を選挙戦時に約束するのが一般的です。２０１６年大統領選挙の際、トランプ候補は民主党政権と利益集団の癒着関係を批判していました。

しかし、大統領になったトランプは２０１８年末の段階で、オバマ政権が２期８年間で採用したのよりも多くのロビイスト経験者をシニアレベルのポジションにつけています。トランプ大統領も、利益集団やロビイストと関わりを深めていったのです。

ただし、そのような関係は必ずしも批判されるべきことではありません。政治家が利益集団やロビイストと関係を深めることは、一概に悪いわけではないのです。大統領などの政治家が利益集団と関係を深めざるを得ない理由もあるのです。

利益集団と金

利益集団に悪い印象があるのは癒着が疑われるからです。利益集団の活動は、献金とそれに伴う政治腐敗と結びつけて理解されることが多いです。政官財の癒着は日本でも指摘されますが、これはアメリカの政治学者であるシオドア・ローウィが「鉄の三角形」と呼んだ現象であり、アメリカでも問題視されています。政治家は利益集団の金で動かされるとの議論は、日米ともに強いです。

たしかに選挙で勝利し政治を行うためには資金が必要なので、金目的で動く政治家も存在します。そして多くの献金を受けた候補が勝利しているのも事実です。ただ考えなければならないのは、多くの献金を得たから候補が勝利したというよりも、勝利しそうな候補に献金が集まる側面もあるということです。

利益集団は、資金を提供すれば政治家を思い通りに操ることができると考えるほど単純ではありませんし、無駄金を使うこともありません。連邦議会議員と金に関わる様々な研究が明らかにしているのは、献金は利益集団が望むことをやったことに対する見返りとして与えられるのが一般的だということです。法案への賛成が最もわかりやすい例ですが、例えば小委員会や委員会で利益集団の意向に沿う形で法案を修正したり、障害となる法案をつぶしたりする役割を期待されることも多く、それらを実行した政治家に対して献金が行われるのです。

大統領選挙に関しては、対立候補が当選するのは好ましくないという理由で献金する場合が多いですが、二大政党の両方の候補に献金する団体も存在します。利益集団は、献金をしても大統領が必ず協力してくれるとは限らないことも理解しています。利益集団からしてみれば、大統領への献金は保険のような側面が強く、連邦議会議員を押さえる方が重要だと考えているのです。

適切な情報を入手できるメリット

実は、利益集団やロビイストと関わりを持つ最大の利点は、情報が入手できることです。ロビイストは各業界の専門家である場合が多く、連邦議会やホワイトハウスでスタッフとしての勤務経験がある人や、連邦議会議員経験者も多いです。大半のロビイストは熱心に仕事をする専門家で、責任感を持って仕事しています。

オバマ民主党政権で米情報機関や軍のトップを歴任したレオン・パネッタは連邦議会議員を経てロビイストになった（写真前列左）

多くの人がイメージするロビイスト像は、時には情報をねじ曲げてでも政治家に売り込みを図ったり、政治家を脅したりして、自分たちの利益を実現しようとするような人物かもしれません。しかし、実際に成功しているロビイストは、客観的な事実を重視し、情報を歪曲することなく政治家に伝えることが多いのです。

ロビイストは有権者の懸念やそれへの対処方法などを巧みかつ正確にまとめて情報提供します。また様々なアイディアを政治家に提供し、場合によれば法案の下書きを作り、戦略について助言をし、議会での票集めに奔走し、有権者も動員します。もちろん、それはその集団の利益の実現につながるからです。とはいえ、連邦政界と関わりが薄い人物が大統領に当選した場合には、ロビイストやロビイスト経験者を政権内に迎え入れて、その助言を得ることによって政権の安定を図ることができます。

例えばオバマ政権期にはレオン・パネッタという人物が重要なポジションにつきました。彼は連邦議会議員を経てロビイストになった人物でした。オバマ大統領の下でCIA長官、後に国防長官となり、政権運営に貢献しました。先ほどトランプも多くのロビイスト経験者を政権に登用したと指摘しましたが、トランプのように政治経験のない人物がワシントンの政界で生きていくためには、ロビイストを登用することによって様々な知恵とノウハウを入手する必要があったのです。

ロビイストとの適切な関わりが重要

ロビイストは、彼らの顧客の利益にとって重要な意味を持つ委員会、小委員会に属する議員と関係を深めようとします。本会議と比べて委員会、小委員会は、メディアの注目度も低いため、ロビイストたちが暗躍しやすいです。ロビイストはもちろん大統領とも関わりを深めたいと考えていますが、連邦議会議員と比べると優先度は低くなります。また、ホワイトハウスには一流の戦略家と情報が揃っているので、大統領がロビイストに依存する必要性も相対的に乏しいと言えます。

連邦議会の下院などは相対的に狭い選挙区から選出されているため、単一産業によって地元経済が回っている場合などは、その業界団体と関わりを深めることは必然になります。有力産業が少ない州の上院議員なども、特定の利益集団との関わりが深いです。他方、大統領は特定の業界団体との結びつきが強すぎると指摘されることは避けたいと考えていますし、利益集団も大統領自身に接触するのは容易でないとわかっています。とはいえ、行政部門は頻繁に規制を行っているため、規制内容に関する見解を表明しようとする利益集団は多く、大統領よりは大統領の側近へのアクセスを欲する傾向があります。

いずれにせよ、大統領は様々な政策を執行する上で、利益集団の意向をある程度踏まえなければ政策を効果的に実施できません。したがって、ロビイストと関わりを深めるのは一概に悪いことではないのです。

アメリカ政府と強いつながりを持つイスラエル・ロビー

利益集団・ロビイストと大統領・政治家との関係を考えるため、イスラエル・ロビーについてみていきましょう。イスラエルは世界で最も裕福な国の一つですが、アメリカはイスラエルに対して高水準の物資的援助と外交的支援を与えてきました。

最近、連邦議会内の共和党保守派はウクライナ支援に消極的です。しかし、イスラエル

2023年１月10日、ワシントンD.C.で開催された米国イスラエル公共問題委員会政治指導者フォーラムで講演するオースティン国防長官

に対する支援は積極的に行おうとしています。ウクライナがロシアという権威主義国に攻め込まれた被害者であるのに対し、イスラエルは当初は攻撃された側ではあるものの、それ以降の展開を見れば加害者としての側面もあります。このような状況の中でイスラエル支援が積極的に行われているのです。この現象をアメリカとイスラエルが長らく同盟関係にあるという事実だけで説明するのは難しく、イスラエル・ロビーの影響力が背景にあると考えるのが妥当です。

米国イスラエル公共問題委員会（ＡＩＰＡＣ）という団体があります。１９６３年に設立されたこの団体は、全米トップ25のロビー団体の中で外交政策に働きかけを行う唯一の団体です。この団体のホームページには300万人を超える草の根の活動家が存在すると記載されています（実際はそれを下回ると思われます）。彼らはイスラエルの安全を保障することがアメリカの国益に適うと主張しています。

AIPACは選挙の際に圧倒的な影響力を行使し、親イスラエルの立場を取る政治家の再選、そして反イスラエルの立場をとる政治家の落選に寄与しています。彼らは膨大な選挙資金を集めて、それを候補者に分配する役割を果たしています。ユダヤ教徒は慈善活動の伝統を持っており、ユダヤ系のハリウッド俳優などが多額の献金・寄付をしていることは知られているでしょう。AIPACはそのようなお金をまず集め、それを誰に対して分配するかを決めているのです。

その分配を行うための前提として、様々な議員や候補者がイスラエルにどのような態度をとっているかの評価が恒常的に行われています。単にイスラエルを支援するだけではなく、AIPACが提唱したいと考えている政策にどれだけ沿っているかも反映して評価していると言われます。

イスラエル・ロビーの影響力の大きさを全米に知らしめた事件として、1980年から連邦議会上院の外交委員長を務めていたチャールズ・パーシーが落選に追い込まれたことがあります。パーシーは、基本的にはAIPACと協調しながらイスラエル支援を積極的に提唱していた人物ですが、いくつかの争点に関してＡＩＰＡＣの意向に従いませんでした。ＡＩＰＡＣは、自分たちの政治的な影響力の大きさを知らしめる意図もあってか、外交委員長を長く務めていたパーシーの追い落としキャンペーンを実施し、対立候補に膨大な額の献金を行ってパーシーを追い落としたのです。これがイスラエル・ロビーの政治力を多くの政治家に痛感させたと指摘されています。

逆に政治家からしてみれば、ＡＩＰＡＣが望んでいる立場をそのまま実施すれば、政党にかかわらずＡＩＰＡＣから選挙支援を得られることになります。イスラエル問題に必ずしも強い関心を持っていない政治家は、ＡＩＰＡＣの意向に従って行動することが得策になるのです。

イスラエル・ロビーと福音派

イスラエル・ロビーは選挙の際に重要な役割を果たしますが、アメリカにおいてユダヤ教徒の人口比率は2パーセント程度です。ただユダヤ教徒は接戦州に多く居住していて、そのような州では数パーセントの差で選挙結果が左右されることがあります。ユダヤ教徒は一般的に投票率が高く、その動員力は大きいと言えます。

また選挙の際にイスラエル・ロビーの人々は単独で行動しているわけではなく、キリスト教シオニストである福音派と協力して活動しています。福音派はキリスト教原理主義者としての特徴を持っており、聖書の言葉を一言一句文字通り解釈する傾向があります。新約聖書の中に、千年王国が到来する前にイエス・キリストが再臨することになるが、その前段階としてユダヤ人がパレスチナに帰還することが重要だとの記載があります。その記載を重視するユダヤ教徒はシオニストと呼ばれますが、福音派も同じ解釈に従って行動するため、イスラエル・ロビーと共に行動しているのです。このような選挙の際の影響力の強さがイスラエル・ロビーの大きな政治的資源になっているのは間違いありません。

外交政策に大きな影響を及ぼすユダヤ系議員

イスラエル・ロビーは政策過程においても様々な影響力を行使します。彼らが政治家の発言や活動に対する評価を随時行ってその情報を提供していることは、議員にとって大きな脅威となります。

ユダヤ系議員は民主党に多く所属しており、ある調査によれば2023年の時点（ユダヤ系議員のダイアン・ファインスタイン[*1]が亡くなる前）で、ユダヤ系は連邦議会上院議員のちょうど1割（10人）を占めていました。ユダヤ系議員は、外交委員会への所属を希望する傾向があります。連邦議会の委員会は、様々な政策の基本方針を定める役割を果たしています。連邦議会の本会議は委員会が決めたことを、よほど大きな問題がない限りは相互主義の原則に基づいてそのまま承認します。外交委員会は外交の決定内容に対して非常に大きな影響力を持つのです。

連邦議会議員の多くは、基本的には自分の再選に役立つ委員会に所属することを望みます。農業州の議員は農業委員会に所属したいと考え、自動車産業を抱える州の議員は運輸委員会に入りたいと考えます。他方、外交は、多くの場合、選挙の際に有利に働く争点ではありません。外交に成功して平和を実現したとしても、よほど危機的で特異な状況を除いては、当然のことをしたに過ぎないと有権者は考えます。他方、外交上の失敗は批判の対象になります。外交は政治家にとって再選上プラスにならないため、外交委員会に所属したいと考える人は、後に大統領選挙に出たいと考える人を除けばあまりいないのです。その結果、外交委員会に占めるユダヤ系の比率は高く、彼らが外交政策に及ぼす影響は大きくなっています。

さらには、ユダヤ系の中で教育水準の高い人たちの中には、大学院を卒業した後に大学

＊1　ダイアン・ファインスタイン：民主党に所属していた議員。ユダヤ系女性として、1992年に初めて連邦上院議員に選出された。2023年9月28日、90歳で亡くなった。

やシンクタンクで外交政策を研究する人も多く、委員会、小委員会や連邦議会議員のスタッフとして政策過程に加わることも多いです。ユダヤ系の中にはメディア、シンクタンク、学会や教育会で存在感を示す人もいて、世論形成にも寄与しています。

このようにイスラエル・ロビーは非常に大きな影響力を持っています。大統領というよりも連邦議会議員に対する影響力の方が大きいのは事実ですが、大統領も連邦議会と密接な関わりを持ち、議会の協力を得なければ様々な政策を採用してもらえないため、イスラエル・ロビーから大きな影響を受けているといえるでしょう。

状況に応じて利益集団との関わりを変える

大統領は政策執行のために利益集団の意向を知る必要があります。大統領は法律に定められた内容を執行するのが基本的な仕事ですが、その際に裁量を利かせる必要があります。そもそもアメリカの法律は非常に長く、重要法案に至っては1000ページ、場合によれば1000ページを超えることもあります。その法律に規定されている全ての内容を実施することは不可能ですし、仮に執行しようとしてもそれが可能な予算が与えられていることは基本的にありません。また法案を通過させるための調整過程で、論争的なところはあえて曖昧な形で条文が規定されている場合もあります。そのため行政部門が裁量を利かせることが重要になります。

一般的に業界団体の意向に背いて政策を執行すれば世論は喝采を浴びせる傾向がありますが、そのようなパフォーマンスは政権が死活的な状況になった場合ならともかく、そうでない場合に頻発するべき手法ではありません。政策を効果的に執行するためには業界団体の意向に従う方が好ましい場合もあります。業界団体がそれぞれの政策の執行に対して必ずしも賛同しない場合は、単に彼らの金銭的な損得関係に関わっているだけではなく、何か重要な問題を抱えている場合もあります。そのような場合に業界団体の意向を無視して政策を執行すれば、不要な反発を招き、大統領にとってそれほど重要でない争点で炎上する可能性もあります。

大統領は、自らが特別に重視している問題の場合を除いては、政策から影響を受ける団体の協力を得た方が良い場合もあり、その落としどころを探る必要があるのです。

これまで述べてきた通り、アメリカの大統領は1期目と2期目で行動を変える傾向があります。1期目の大統領は再選を目指すため、その支持が必要な利益集団を勝利連合の中に組み込むことが大きな課題になります。2期目の大統領は、政策的な遺産を作る上で必要な利益集団との関係を深める必要があります。このように、状況によって大統領は利益集団との関わりを変えていくことが重要になるのです。

【コラム】全米ライフル協会（ＮＲＡ）

ＮＲＡは銃規制に関して最大の影響力を行使している団体です。「銃が人を殺すのではなく、人が人を殺すのだ」というスローガンを掲げ、２０１８年12月時点で公称５００万人の会員を擁しているといいます。各社が発表する利益集団の影響力ランキングでは、常に最上位層に位置しています。

ＮＲＡは連邦、州、地方のレベルごとに効果的な組織を作り上げ、政策過程の中枢にアクセスを持っています。また、ＮＲ

2019年４月、インディアナポリスで開催された全米ライフル協会年次大会で演説するトランプ大統領。写真＝ホワイトハウス

Aは強硬な立場をとっているという印象を持たれがちですが、実際は既存法規は遵守するとの方針を掲げているため、現職政治家と関係を維持できるのが強みです。

選挙戦術も巧みで、現職の政治家がNRAの方針に全面的に賛成している場合にはその候補を政党にかかわらず支援しますが、NRAの立場に反する行動をとった場合には懲罰として対立候補を支援します。その結果、銃規制に関心のない候補はNRAの方針に賛同した方が得になるという状況を作り上げているのです。

2020年にニューヨーク州司法省は資金の不正流用を根拠にNRAの解散を求めて州裁判所に提訴しました。NRAは解散を逃れるために、財務状況が良好にもかかわらず連邦破産法第11条（民事再生）の適用を申し立て、登記先を同州からテキサス州へ移す手続きを始めました。しかし、テキサス州の連邦地方裁判所は破産法の適用申請を拒否し、ニューヨーク州裁判所はNRAのリーダーに有罪判決を出しました。このような混乱状態にもかかわらず、NRAの政治力は絶大なままです。

第7章
国民や国家を守るための対外政策

1988年12月、ゴルバチョフ氏をニューヨークに招いたレーガン大統領とブッシュ氏

1　外交・安全保障政策

危機における意思決定

外交・安全保障政策は大統領にとって厄介な政策領域です。

ここまでは、大統領の権限は連邦議会や裁判所との関係で大きく制約されていることを強調してきました。対外政策に関しても、合衆国憲法は大統領の権限の抑制を図っています。大統領は陸軍と海軍の最高司令官として権限を発動すると規定していますが、宣戦布告や軍の創設と維持に関する権限は連邦議会に与えています。条約についても、締結権は大統領に与えられていますが、それが批准されるためには連邦議会上院議員の3分の2以上の承認が必要です。これらの規定を見ると、大統領の権限は対外政策に関しても大きく制約されているという印象を受けるかもしれません。

しかし、対外政策の中でも軍事・安全保障政策については、大統領が事実上大きな権力を行使することが期待されています。アメリカは1798年のフランスとの戦争以後300回を優に超える回数の軍事行動をとっていますが、連邦議会が宣戦布告をしたのは、1

812年の米英戦争、1846年の米墨戦争、1898年の米西戦争、1917年の第一次世界大戦、1941年の第二次世界大戦の5回だけです。ベトナム戦争の際にリンドン・ジョンソン大統領に武力行使に関する白紙委任を与えたことに対する反省から、大統領の行動に枠をはめるべく1973年に戦争権限法が制定されました。しかし、こちらも厳密に執行されているわけではありません。現状では、大統領は国民や国家を守るうえで必要と判断すれば、議会の宣戦布告を待たずに実質的に戦争を開始することができるのです。

軍事・安全保障政策について、連邦議会は消極的な態度を示しています。それは、具体的な恩恵を選挙区に落とすことができないため、軍事産業を地盤に持つような議員や、いずれ大統領になることを志しているような議員を除いて、あまり関心を持っていないからです。軍事・安全保障政策は機密事項を扱うことも多いし、迅速な決定を行う必要がある場合も多いので、大統領が利益集団と折衝したり、議会のチェックを受けたりするのが容易でないこともあります。それに加えて、軍事・安全保障政策をめぐっては大統領が行動することを多くの有権者が望んでいるということもあります。

そのため、軍事・安全保障政策は、大統領からすれば自らのレガシーをつくるうえでは有用な争点ですが、何かミスをすればその責任が全て自らに帰されるので、諸刃の剣だと

ホワイトハウスのシチュエーションルームでビン・ラディンの殺害に関する映像を見るオバマ政権陣営

いえます。今日ではメディアの報道が活発になっているため、小さなミスでも政権にとって致命傷となることもあります。さらには、経済政策の場合は好況が続く限り大統領への高評価が継続するのに対し、軍事・安全保障上の成果は国民も早く忘れ去る傾向があります。湾岸戦争で大勝利を収めて高い支持を得たジョージ・H・W・ブッシュの支持率が、その後の経済の低迷を受けて急降下したのは典型的な例です。

このようなこともあるため、大統領は、1期目には主に内政に注力して再選を目指し、2期目には自らのレガシーを作るべく外交・安全保障政策により精力を注ぐ傾向があるのです。

役割が低下しつつある外交エリート

近年、外交エリートの影響力が低下してきていることも、外交・安全保障政策の評価を難しくしています。かつては外交・安全保障政策については、超党派的なコンセンサスがありました。外交エリートは、世界におけるアメリカの地位を向上させること、そのために自由や民主主義、人権などの規範を世界に伝えたり、世界の警察官として国際秩序の維持に注力したりすることを重視していました。しかし、ポピュリズムの影響が強くなり、外交や安全保障に関心のない政治家が重要な地位につくようになると、そのようなコンセンサスは後景に退き、国内の対立状況が外交政策にも反映されるようになりました。

外交エリートの影響力が低下したことは、円滑に外交・安全保障政策を実施する上で大きな課題を突き付けています。外交・安全保障問題を円滑に実施する上で好ましい方法と、世論が求める方法にズレがあることが多いからです。

外交・安全保障の分野では、本来ならば「戦わずして勝つ」のが一番良いはずですし、状況によっては相手に花を持たせて譲る（ふりをする）ことも必要になります。しかし、世論は好戦的な姿勢を示す政治家を好みますし、常に勝利し続けなければ売国奴扱いされる危険もあります。

バージニア州に本部を構える国防総省。建物が五角形をしていることから、「ペンタゴン」と呼ばれることが多い

ワシントンD.C.に本部を構えるアメリカ国務省

これまでの歴史上、赤狩りに代表されるような陰謀論が流行する時には国務省が批判のターゲットとされてきました。その背景には、国務省が紛争を未然に防ぐことを重視して、相手国と話し合いで問題を処理したり、場合によると相手に都合の良い条件で妥協をしたりすることがあったからです。他方、国防総省は問題が発生した際に相手をたたくことを

組織の目的としているため、世論の支持を得やすいといえます。しかし、軍事力を背景に相手の事情を考えないような対応が常に最善かは別問題です。

最重要の機密情報にはアクセスできない

一般国民や多くの政治家が、外交・安全保障の問題について重要な情報に触れることがないことも、多くの誤解を招く原因となっています。外交交渉で機密に属するような繊細な問題が実はネックになっている場合には、メディアなどに出回る情報は周辺的なものにとどまることが多いです。しかし、その周辺的な、そして場合によると偏った情報に基づいて世論や政治家が政権に対して強烈な批判をすることがあります。また、環境や人権の問題が重要なのは言うまでもないことですが、多くの人の命が危機に瀕する可能性があるような場合にも、環境破壊やマイノリティの人権に焦点が当たることで、対応せねばならない領域が増えて迅速な問題解決が困難になる可能性もあります。

そもそも、判断をする時に入手できる情報には限りがあることも厄介な問題です。危機の時代にあっても、各省庁は独自に集めた情報を完全に提供してくれるとは限りません。それぞれの部門が独自のノウハウを持っていますが、そのノウハウや情報源を明らかにしたくないと考えても不思議ではありません。

911テロ事件の際、アルカイダによるテロ計画の情報を複数の機関が持っていたにもかかわらずテロを防止することができなかったことの反省から、ジョージ・W・ブッシュ政権は情報部門を国家情報長官室に一元化しました。しかし、情報を一元的に扱う部署が存在すると、そこで情報漏洩や裏切り行為が発生すれば、取り返しのつかない状態となります。他方、情報源を複数持っていれば、特定の情報源に基づいて行動した結果が失敗に終わった場合には、異なる情報源に基づいて行動することで体制を整え直すことができる可能性もあります。情報の集め方の効率化を図るのが適切か否かは、判断の難しい問題なのです。

その判断が適切か否かを評価するのは難しい

そもそも、情報をどのようにして集め、評価するかは、難しい問題です。日本には「三人寄れば文殊の知恵」という諺がありますが、同じ顔触れで議論を続けると認識や偏見を共有するようになった結果、本来ならばじっくり検討するべき問題を見過ごしてしまうという集団浅慮を招来する危険性が高くなります（本書71ページでも触れました）。閣僚間で認識が一致しない場合、日本では閣内不一致だと批判されることがありますが、各官庁や閣僚の認識が最初の段階で一致しないのは、多様な観点から問題を評価できるという点で、むしろ望ましい場合もあります。認識を一致させるべきなのは、大統領が決断して政策を実施する段階のことなのですが、そのような認識を国民や政治家が共有するとは限らないのが難しいところです。

それに関連して、大統領や閣僚が人材をどのように評価するべきかについても、慎重な判断をする必要があります。政治家の中には、自らの認識を補強する情報を提供する人を重用し、都合の悪い情報を提供する人を疎ましく思う人がいます。そして、上司にそのような傾向があると部下が判断した場合、無意識のレベルで都合の悪い情報を上げなくなってしまい、集まる情報にバイアスがかかる可能性が存在するのです。ベトナム戦争期の政権チームにおける政策決定過程を分析した、デイヴィッド・ハルバースタムによる『ベスト・アンド・ブライテスト』では、まさにそのような問題が詳細に描かれています。

また、実際に問題に直面して対処しようとする人の判断基準が、他の人とはずれていたとしても、やむを得ない場合もあるかもしれません。冷戦終結によって世界の力がアメリカに一極集中するようになりましたが、その幻想を打ち砕いてアメリカに対する不信感を多くの国が抱くようになった一つのきっかけは、イラク戦争でした。イラク戦争の開戦原因をめぐっては、様々な仮説が提起されています。その中には、イラクが大量破壊兵器を保有しており、アメリカに危害を及ぼす危険性があるとアメリカの政権担当者が考えていたという仮説があります。

様々な情報が入手できるようになった今日では、政権担当者がイラクの能力を高く見積もり過ぎたと事後的に批判するのは容易でしょう。しかし、実際に問題に対処する責任のある人々は、万が一のことを考える必要があります。

実際には、イラクはダーティーボム[*1]と呼ばれる、放射性物質をまき散らす能力を持つ兵器を持っていませんでした。しかし、万が一それを持っているならば甚大な被害が及ぶ可能性があるため、政権担当者がその懸念を払拭するのは容易ではありません。その印象が判断に影響を及ぼしたとしてもやむを得ない面もあるでしょう。しかし、世論がその見解に賛同するかは別問題なのです。当事者は世論から批判を甘受しなければならない場合もあるのです。

2　中間層のための外交と米中関係

内政重視傾向にある世論

本書で繰り返し指摘してきた通り、今日では二つのアメリカと言われるほど国内の分断が深刻化し、二大政党間の対立が激化しています。二大政党の勢力が均衡しているために、両党ともに違いを強調することに熱心になっており、二大政党が協力して実現することのできるのは、国民の間で圧倒的なコンセンサスがある問題に限られます。

例えば、国内の雇用を重視して保護貿易の立場をとり、財政支出を伴わずに経済制裁を実施することについては、超党派的な賛同が得られる可能性が高いです。２０２１年２月にピューリサーチセンターが行った世論調査によると、アメリカ国民が外交政策の最優先課題として選んだのは雇用でした。テロや大量破壊兵器、軍事的優位性よりも国内の雇用を外交政策の課題とするべきだという経済ナショナリズムが高まっていることが見て取れます。世論の内政重視傾向を受けてトランプ政権が強調したのが「アメリカ・ファースト」の外交であり、バイデン政権が強調したのが中間層外交でした。

近年のアメリカでは、右派ポピュリストと位置づけられることの多いトランプも、左派

＊1　ダーティーボム：放射性物質分散機器の一種で、一般の爆発物と放射性物質を一緒にしたもの。核分裂によって高熱と放射線を発生する核爆弾とは異なり、爆薬によって爆弾の内部や周囲に詰めた放射性物質を拡散させる。

バーニー・サンダースは2020年の大統領選挙に民主党候補者の一人としてヒラリー・クリントンと接戦を繰り広げた

ポピュリストとされるバーニー・サンダースやエリザベス・ウォーレンも、中間層の利益に資する政策を採るよう主張します。もっとも、トランプが念頭においている中間層は彼の岩盤支持層になった保守的な白人労働者層であり、富裕層でも最貧層でもない人という意味です。他方、バイデンや左派が念頭におく中間層は富裕層以外の人という意味で、相当広い人々を念頭においています。

それはさておき、二大政党ともに、平均的な収入を得る勤勉なアメリカ国民が犠牲とならないような、彼らに裨益《ひえき》する外交政策を採用するよう提唱しています。製造業従事者や低学歴労働者に恩恵をもたらし、対外関与のコストを削減するよう求めているのです。

自由貿易への懐疑

アメリカは長らく自由貿易を推進してきました。第二次世界大戦後、アメリカは、自由、無差別、多角主義を理念とする関税及び貿易に関する一般協定（ＧＡＴＴ）を中心とする自由主義的国際経済秩序を構築・維持してきました。世界貿易機関（ＷＴＯ）の機能不全が指摘されるようになってからは、ルールの順守を重視するタイプの自由貿易協定（ＦＴＡ）の推進を促してきました。

しかし、アメリカの世論は近年では自由貿易に懐疑的になっていて、アメリカは先進国の中でも自由貿易に対する不満が最も強い国となっています。自由貿易は理論上は国全体の富を増大させますが、その増大分をどのように分配するかは大問題となります。利益を得る産業と不利益を被る産業の間での利害の調整が必要になりますが、不利益を受ける産業に対する補塡を行うためのコストが自由化がもたらす利益を上回ると認識される場合もあります。貿易自由化が最も進んだアメリカで、自由貿易に対する懐疑が強くなるのは不思議ではありません。

そして、オバマ政権期に推進された環太平洋パートナーシップ協定（ＴＰＰ）からの離脱をトランプ大統領が表明して以降、政権レベルで自由貿易が推進されることはなくなりました。財政的な困難もあるため具体的な産業政策を展開するのは難しいですが、基盤産業を保護することが重要であるとともに、選挙対策上も製造業に従事する労働者を保護する必要があるという認識が強くなっています。

例えばTPPには本来は中国に対する牽制というような戦略的含意もあったはずですが、その点を強調しても世論の賛同が得られないほどに、保護主義的な考え方が強くなっています。しかし、仮に輸入品に対して関税をかけることになれば、関税分が国内製品の価格に転嫁され、インフレ、債券安につながり、個人消費にも逆風になる可能性があります。大統領とすれば、世論の支持を得るためには保護貿易の立場を示さざるを得ないのかもしれませんが、それは経済的な不利益をもたらす面があることも、頭の片隅に置いておかねばなりません。

これは、自由貿易が豊かさをもたらすという認識がもはや共有されなくなったことの表れです。また、経済的相互依存の推進を通して平和を実現するよりも、経済安全保障を重視すべきという認識は強くなっています。近年では相互依存が武器化されることもあるのです。そして、複雑な仕組みを通してその目的を実現するよりも、目の前の相手をたたいて留飲を下げたいという思いも、国民の間で強くなっているようにも思われます。バイデン大統領が、日本製鉄によるUSスチールの買収計画について批判的なコメントを出しているのも、その延長線上に位置づけられます。

米中対立、覇権競争という幻想に縛られないことが大事

中国脅威認識についてもコンセンサスがあります。しかし、米中関係にどう対応するかは難問です。

中国の台頭を背景として、アジアを重視する必要があるという認識は強くなっています。とりわけ、オバマ政権期のアジア旋回でこの傾向は強くなり、トランプ政権期に一度勢いを失ったものの、バイデン政権下で本格化しました。

ワシントンの実務家の間で、「トゥキディデスの罠」をめぐる議論と、「デンジャー・ゾーン」をめぐる議論が注目を集めています。前者は『米中戦争前夜』という邦訳タイトルがつけられたグレアム・アリソンの著書で提示されたもので、急速に台頭する新興国家（中国）と覇権国（アメリカ）の間に生じた構造的ストレスが戦争を避けがたいものとするという見方です。これは、古代ギリシャでアテナイが台頭したことに不安を感じて当時の覇権国であるスパルタが、軍事衝突を望んでいなかったにもかかわらずペロポネソス戦争を始めたことを指摘するトゥキディデスの分析を基にモデル化された議論です。

後者は、ハル・ブランズとマイケル・ベックリーによる議論で、国力のピークを自覚し

た大国（中国）がチャンスの窓が閉じる前に行動しなければならないと焦るようになる結果、２０２０年代が米中新冷戦の最も危険な時期（デンジャー・ゾーン）になるという議論です。米中対立の危険性を強調するこれらの議論は、理論的な新しさや厳密さをめぐって様々な批判はあるものの、一流の研究者によって提起されたこともあり、政治的インパクトが大きくなっています。

しかし、米中間の対立をことさらに強調することが果たして適切かは、冷静に考える必要があるでしょう。世論調査では中国に対する認識は悪化しているため、政治家や活動家は国内の対立する勢力に優位に立つためにも中国を批判する言説を繰り返します。同様の傾向は中国にもみられる結果、双方の過激なメッセージが過度の脅威と映って対立を激化させるという負のスパイラルに陥っているように思われます。他方、政治と一部の国民が強硬姿勢を示す一方で、企業や産業組織などの経済主体は政府の方針に抵抗して貿易や関係の深化を提唱する傾向があります。

例えば、バイデン政権のイエレン財務長官は、フレンド・ショアリング（同盟国や友好国などに限定したサプライチェーンを構築すること）を提唱したりしていますが、例えば電池の原料であるグラファイトは世界のどの国も中国に依存している状態です。米中間の対立、あるいは、覇権競争という幻想に大統領自身は縛られ過ぎないよう注意する必要があるのです。

3　世界の中のアメリカ

外交上の遺産のためには何をしたらよいか

大統領は外交分野でレガシーを作ろうとしても、思い通りにいくとは限りません。そもそも、外交的遺産と呼べるような重要問題に対応するためには膨大な時間と資源を投入する必要があるため、一人の大統領が重要な外交的遺産を作ることができるとしても２〜３個が限度でしょう。出馬を検討していた段階で取り組もうと考えていた問題が思いの外複雑であったり、問題の解決の糸口が見えてきた時に別の大問題が浮上したりすると、思い通りに取り組むことはできなくなります。スタッフの数や予算も無限ではありませんし、大統領に与えられた時間も有限です。

大統領が外交問題で評価されるためには、大きなビジョンを示すことが必要だと指摘されることが多いです。もちろん実際の国際関係は常に変化していますし、大統領は常に多くの問題に直面しているので、場当たり的な対応をとらざるを得ないこともあります。とはいえ、場当たり的な対応ばかりでは行動の一貫性が欠如してしまうため、諸外国の信頼を得られなくなる危険があります。外交的遺産を作りたいのならば、大方針を定めることも検討した方がよいでしょう。そのためには、現在のアメリカを取り巻く状況を的確に把握する必要があります。

アメリカによる覇権秩序の揺らぎ?

冷戦終焉後、アメリカは唯一の超大国として、世界秩序の形成を模索してきました。しかし、今日ではアメリカもグローバル化の波に巻き込まれ、対外的にも国内的にも、その在り方が問い直されています。新興国が台頭し、感染症などのグローバルな争点が重要性を増す今日では、もはや単独の国が世界を支配する状況を想定するのは難しくなっています。

多くの論者が、アメリカの力は相対的に衰退していると指摘しています。実際、購買力平価では中国がアメリカを抜いていますし、東アジア地域におけるアメリカの軍事的優位は失われ始めています。

とはいえ、アメリカは軍事力や経済力など、様々な面で今でも世界一の座を占めています。アメリカ衰退論で念頭におかれているのは、アメリカ自体が衰退しているというよりも、アメリカを中心とする陣営が存在感を低下させているということです。実際、アメリカ自体は大きな経済力を持ち続けていますが、日本や欧州の経済力は衰退しています。他方、中国やインドなどの新興国と、グローバル・サウスと呼ばれることもある開発途上国の経済力は増大しているので、欧米先進諸国とその他の地域の経済バランスは大きく変化しています。

それに加えて、アメリカ自身も国際秩序を維持する上で重要な役割を担おうとする意志を失いつつあります。20世紀以降、アメリカは単に軍事力や経済力が秀でていただけでなく、世界秩序を構築しようとする意思と能力を持っていました。自由貿易を推進するためのルールや枠組みを構築したり、国際紛争が発生した場合には兵力を派遣したりするなど、寛大で自己犠牲を厭わず、様々な国際公共財を提供してきたのです。しかし、アメリカは今では大きな財政的資源を対外政策に投じる余裕が無くなり、積極的な対外関与について国内からの反発が強まっています。

内政を重視して対外的関与を控えるべきという主張は、とりわけ左右の極端主義者から示されています。例えば右派の極端主義者には、経済的な意味で小さな政府の立場を提唱する人々がいます。彼らは財政支出削減を目指す観点からアメリカの積極的な対外関与に批判的で、連邦政府は専ら内政に注力すべきだと主張します。彼らはバイデン政権のウクライナ支援策に強く反発しています。また、トランプ派は海外の問題にはほとんど関心を持っていません。

他方、左派の極端主義者には、国内の経済格差重視派や人権重視派、アイデンティティ重視派など、様々な人々がいます。彼らは左派としてひとくくりにされることが多いですが、いずれの立場も単独争点にのみ熱心に取り組む傾向が強いです。また、根本的には内向き志向が強く、国外の問題に興味がない場合も多いのです。

アメリカによる覇権的な秩序は、アメリカ自身が抱える問題によっても揺るがされているのです。

アメリカ的信条に基づく理念と原則を世界に広める

アメリカは建国期以来一貫して多くの移民を受け入れてきた国なので、民族や言語、宗教などにナショナル・アイデンティティの基礎を求めることはできません。その代わり、自由や民主主義、法の支配等の理念の共有にナショナル・アイデンティティの核を求めてきました。それらの理念はアメリカ的信条と呼ばれることもあり、様々な政策を正当化する上で重要な役割を果たしてきました。例えばジョン・ガストによる「アメリカの進歩」

ジョン・ガストによる「アメリカの進歩（American Progress）」。1872年頃の作品で、アメリカの東部の文明や理念を未開の地である西部に広げていこうというメッセージが込められている

という絵画は聖書と電線を持った自由の女神が、明るい東部から暗い西部へと向かっていく姿を描いています。これは神の国として建国されたアメリカが東部13州から西へ、そして海外へと影響力を拡大していく中で、文明と理念も広げていくという使命を表現した作品だと考えられています。

アメリカの外交エリートの間では、アメリカ的な理念や原則を世界に広めることが重要だという合意があります。また、大統領候補も選挙戦中にそれらの理念の素晴らしさを称え、それを世界に広めると主張することが多かったです。もちろん、ウェストファリア体制*2以後の国際政治では、価値の多元性を国家が相互に承認することを外交の基本とすることになっていました。しかし、米ソ冷戦が価値観をめぐるものと位置づけられる中で、アメリカ国内では使命的な世界観が共有され、理念に基づいて国際問題に関与するのが当然だという認識が強くなりました。

実際、民主党のジミー・カーター大統領は人権外交を提唱しましたし、共和党のジョージ・W・ブッシュ大統領はアフガニスタンやイラクに自由と民主主義を定着させようとしました。このように、外国に政策や価値観の変更を迫るような活動は一般的には内政干渉と見なされるはずですが、アメリカの場合は例外的にそれが認められるのだという、アメリカ例外主義論と呼ばれる立場が広く主張されました。さらには、アメリカ的信条を構成する規範や原則は、アメリカのソフトパワーの源泉だという議論も提唱されたのでした。

理念に基づく外交より現実主義

もっとも、理念に基づく外交が一貫して実践されてきたわけではありません。例えばジョージ・W・ブッシュ政権はイラク戦争に際してイラクに自由と民主主義を定着させると表明しましたが、諸外国を十分に説得することができず、単独主義的な行動をとりました。その行動は理念に基づくものというよりは、圧倒的な軍事力と経済力の優位を背景にしたものでした。

軍事力の圧倒的優位に支えられたアメリカの行動は、その唱える規範と大きく乖離しており、結果的にアメリカに対する世界の国々の信頼度を低下させ、反米感情を強めてしまったのです。軍事的優位を笠に着て、自らが掲げる理念と矛盾した行動をとり、結果的にその国際的威信を低下させてしまうという現象は、トランプ政権期にも発生しました。

民主党の大統領もアメリカ的な理念を一貫して追求したり、それに基づいて行動してきたわけではありません。例えばオバマは、その優れたスピーチ能力をもって世界のあるべき姿を明確に示しました。しかし、同時にその実現は難しいと述べることで、実際には現実主義的な政策を展開しました。また、バイデン大統領も民主主義や法の支配などの理念を強調しながら外交を展開していますが、彼自身が自らの掲げる原則の実現にこだわっているようには見えません。バイデンは政治的な直観に優れた人であり、その時々の世論や政界勢力の主流派が望むものを主張することで事情通として名をあげてきた人なので、理念に基づいて行動する人ではないのでしょう。理念に基づいて一貫した外交を展開する大統領は存在しないのです。

＊2　ウェストファリア体制：1648年10月24日締結の三十年戦争の講和条約の内容を反映した国際政治の基本型。各国の自律性を認め、相互に国内事情に関与しない国際関係の原則が成立した。

理念外交の限界、権威主義国の台頭

国際政治において理念をどのように位置づけるかは、非常に難しい問題です。今日の先進国では、内政面においても外交面においても倫理的な側面を強調する傾向が強まっています。軍事や経済で定義されるような、狭義の国益を追求するだけでは不十分だとの認識が一般化しつつあるため、理念や規範を重視する姿勢を示すことは世界のリーダーとしての姿勢を示すうえで重要だと言えるでしょう。

ただし、様々な規範や原則を前面に掲げることが、果たして好ましい結果を生んでいるかは、じっくりと考える必要があります。世界的に見て、民主主義や法の支配などの規範を重視しているとはいえない国は、とりわけ途上国に多いです。それらの国々が経済支援を求めた場合、欧米諸国は民主主義や人権の重視を支援の条件とすることが多いです。しかし、中国やロシアはそのような条件を付けることなく、狭義の国益に合致しさえすれば支援を積極的に行います。アメリカの経済面での優位が相対的に低下する中、民主主義や人権などの理念を強調することが、結果的に権威主義国に接近する国を増大させる危険性があるのです。

多国間主義外交という幻想

国際問題に対処する際に、大統領は、アメリカ単独で行動するか、当事国との話し合いを基本とするか、多くの国を巻き込んでの解決を目指すかを決めなければいけません。その際には、国際連合などの国際機関とどのように関わるかも判断する必要があります。問題に対応する際に、単独主義、二国間主義、多国間主義のいずれがよいかは、容易に判断できることではありません。単独主義で行動する場合は、発言を聞いてもらえなかった国家や国際機構、非国家主体などが不満を抱く可能性があります。しかし、単独主義は迅速な行動が必要な問題の処理に向いているかもしれません。また、行動する際に諸外国の利害関係に十分思いを致したうえで、多大な財政的・人的負担をすれば感謝されることも多いでしょう。

他方、多国間主義は多くの国家や国際機関の意向を聞き、議論したうえで決定することになるため、国際世論を反映していて、民主的正統性の高い決定方式だと主張することができます。しかし、どの国も平等という建前で自由に行動することができるようになると、声の大きな国や多額の財政支援をしてくれる国の決定になびいてしまう国が増えて、望ましいとは限らない決定につながる可能性もあります。

二国間主義に代表されるような当事国での話し合いはその間をとっているといえるかもしれませんが、当事国の性格によって大きく性格が変わってきます。単独主義、二国間主義、多国間主義のいずれがよいかと抽象的に問うてもおそらく意味はないのですが、この全ての選択肢の中から行動方針を決めることのできる国は、おそらくアメリカだけでしょう。大統領は、それらをどのように組み合わせて行動するかを決める必要があるのです。

国際機関との関わり

アメリカはジョージ・W・ブッシュ政権やトランプ政権の時期に多国間主義の枠組みを批判し、単独主義的な行動をとる傾向を強めました。ブッシュ政権が国際刑事裁判所への加盟の意向の撤回を表明したり、トランプ政権が国連教育科学文化機関（ユネスコ）から脱退したりしたことが象徴的です（2023年に復帰）。アメリカが国際機関から脱退した結果として、中国などの影響力が増大する可能性もあります。

第二次世界大戦以後、アメリカはリベラルな国際秩序を構築するために、様々な国際機構を創設してきました。国際連合、世界銀行、国際通貨基金（IMF）、世界保健機関（WHO）などはその例です。アメリカが構築した国際機構や制度は、アメリカのみならず、他の国にも利益をもたらしました。国際紛争が生じた場合の対応が定められ、通貨を安定させて経済活動を円滑化したことは、多くの国に恩恵をもたらしました。またアメリカは、同盟国や友好国に安全保障の傘も提供してきました。

アメリカの衰退が指摘されている今日、それらの国際機構も影響力を保持し続けることができるか、それにアメリカがどのように関わっていくのかが注目を集めています。アメリカが作り上げたリベラルな国際秩序は、台頭しつつある新興諸国にも多大な恩恵を与えてきたので、今後も維持されるとの見方は有力です。

しかし、この秩序は第二次世界大戦直後という例外的な時期に、ごく短期間で構築されたもので、国際連合は第二次世界大戦における連合国の結束を基礎とするものでした。したがって、その当初の主要構成メンバーでない国々は、利益や戦略上の観点からそれらを活用することはあっても、自国に有利な結果が得られると考えられない場合は国際機構への積極的関与に消極的になる可能性もあります。そもそも、それら国際機構の構築の中心となったアメリカが各種国際機構からの離脱を仄《ほの》めかしたり、関与の度合いを下げようとしていたりするという現状を考えると、国際機構が空洞化する可能性もあるかもしれません。

それに追い打ちをかけたのが、ロシアによるウクライナ侵攻です。安全保障理事会の常任理事国であるロシアが一方的に侵攻を始めたことの重大さを考えれば、国際連合の安全保障理事会の正統性が大きく低下するのは当然でしょう。

大統領は新たな国際秩序の構築を主導し、それを適切に管理しようとするのか、それとも、他の国と同じく国際公共財の提供には消極的になるのか、考える必要があります。大統領の秩序構想力と、他国との関わりについての認識が重要になります。

【コラム】米中関係の変化と先端技術

アメリカ政治の分極化が進む中で、二大政党が一致する数少ない政策が対中強硬策です。1970年代以降、アメリカは中国との政治的、社会的、経済的関係を深化させることで国益を追求するとともに、アメリカの価値観が支配する国際社会に中国を取り込むことによって、その国内体制の変化を促そうとしてきました。中国の人権状況などはとりあえず棚上げして世界貿易機関への加盟を認め、中国の経済状況が向上していけば、やがて中国でも自由主義や民主主義の価値が広がっていくと想定していました。しかし、アメリカの予想を超えて経済発展を遂げた中国は、自由化や民主化の動きを抑圧するとともに、軍事力を拡大させて覇権主義的な行動をとるようになっていきました。

この流れの中で、中国との経済関係を切り離す（デカップリング）という考えが流行しましたが、経済的相互依存が進化している今日では不可能です。それに代わり、先端技術分野における中国の能力の制限、混乱に備えたサプライチェーンの複線化、必要不可欠な原材料での中国支配低下などを中核に据えたリスク回避（デリスキング）が重要だという議論が主流になっています。バイデン政権の国家安全保障問題担当補佐官のジェイク・サリバンは、基盤的技術を小さな庭と高い塀（small yard, high fence）で守ると主張しています。このような目標に向けて同盟国である日本に対する期待も高まっているのが実情です。

第8章 偉大な大統領とは?

ホワイトハウス内の大統領執務室「オーヴァルオフィス」

1　大統領の「偉大さ」を決めるもの

リンカンは本当に偉大な大統領だったのか

ニュース番組やワイドショーを見ていると、多くのコメンテーターが大統領の行動や能力について語っています。この法案には大統領の信念が反映されているとか、大統領の情熱が実を結んだとか、この大統領にはリーダーシップが足りないため政策が実現しなかった、等々のコメントが頻繁に聞かれます。このようなコメントを聞くと、大統領がアメリカ政治を動かしているという印象を強く受けます。

たしかに、大統領がどのような人かによって、政治のあり方が変わってくるのは間違いないでしょう。例えば、２００９年に就任したバラク・オバマ大統領は、２００４年に民主党の大統領候補だったジョン・ケリーを応援する「一つのアメリカ」と呼ばれる名演説で注目を集め、アメリカ政治の分断を克服する可能性がある人物と評されました。そのこともあってか、大統領就任直後には、民主党単独で立法を進めるのではなく、超党派的に行うよう連邦議会に要請しました。当時は大統領の所属政党も連邦議会上下両院の多数党も全て民主党という統一政府であったことを考えると、大統領がオバマでなければ、共和党の意向に配慮することなく、民主党だけで立法を進めた可能性が高いのではないでしょうか。

また、ドナルド・トランプ大統領は大統領就任後、不法移民取り締まり強化やイスラム教徒の入国禁止、環境規制を定めたパリ協定からの離脱、環太平洋パートナーシップ協定（TPP）の交渉中止、中国に対する関税引き上げ、北米自由貿易協定（NAFTA）の改定（米国・メキシコ・カナダ協定、USMCA）など、2016年大統領選挙で主張していた選挙公約を、大統領令でそのまま実現しました。大統領選挙に立候補する非政権党の候補は誰もが前政権の方針を批判しますが、実際に大統領に就任すれば様々な事情を考慮して、急激な政策変更は少数にとどめるものです。2016年大統領選挙で勝利したのがトランプでなければ、これほど多くの政策領域で急激な政策変更を行うことはなかったでしょう。

アメリカの三権のうち、連邦議会と裁判所は複数の人員から構成されていて集合的な判断をします。しかし、大統領だけは一人の人物によって構成されているので、その人物がどのような人かが重要になります。大統領がどのような背景や技術、心理的な特性、管理能力を持っているかなどに注目が集まるのは当然です。

その一方で、アメリカ大統領があらゆることを自らの思い通りにすることができないのは、これまでも指摘してきた通りです。トランプが大規模な政策変更を行ったのは大統領令や行政協定を基に行われてきた政策分野のみであり、法律や条約に関して同様の措置をとることはできませんでした。また、偉大な大統領と評価される、エイブラハム・リンカンが仮に今大統領に就任したとして、現在のアメリカが抱える困難を乗り越えることができるかは疑問です。

大統領の個性や指導力は重要ですが、大統領には乗り越えることのできない時代的な制約もあるように思われます。本章では、偉大な大統領とはどのような人のことを言うのか、考えてみたいと思います。

大統領のランキング

アメリカでは１９４８年以降、様々な学者やメディアが大統領の偉大さのランキングを発表してきました。224－225頁の表はそれらのいくつかをまとめたものです。それぞれの調査の手法は異なっているにもかかわらず、ランキングの上位にいる人と下位にいる人はほぼ同じです。南北戦争の時のリンカンや、ニューディールの時のF・ローズヴェルト、初代大統領であるジョージ・ワシントンなどは、常に上位にいます。逆に、ユリシーズ・グラントやウォレン・ハーディングは常に最下位に近いところにいます。

　ただし、評価が時代によって変わっている大統領もいます。その一つの理由は、大統領に対する同時代的な評価と、後の評価の間にズレがあることです。同時代的には問題を適切に処理していた場合でも、大統領のレガシーとしては重要性が低い場合があります。逆に、同時代的にはほとんど注目されていなかったものの、後に振り返れば極めて重要な決定をしていたという場合もあるでしょう。ドワイト・アイゼンハワーの評価は当初と比べて上昇していますが、彼はその例だと言えるでしょう。

　また、昔と今とで規範や認識が変化した結果、評価が変わった大統領もいます。例えば、近年ではアンドリュー・ジャクソンやウッドロー・ウィルソンのランキングが下がっています。ジャクソンはアメリカの民主政治を拡大した大統領、ウィルソンは第一次世界大戦を終結に導いた大統領として、かねてより高い評価を得ていました。しかし、ジャクソンが先住民に対して、ウィルソンが黒人に対してとっていた人種差別的な態度が今日の基準からみると適切性に欠けるという認識が強くなった結果、彼らのランキングは下がったと考えられます。

リンドグレン＝カラブレッシ調査（2000年）		C-SPAN 調査（2009年）		ネイトシルバー メタ調査（2008–2011年）		C-SPAN 調査（2021年）	
偉大							
1	ワシントン	1	リンカン	1	リンカン	1	リンカン
2	リンカン	2	ワシントン	2	F.ローズヴェルト	2	ワシントン
3	F.ローズヴェルト	3	F.ローズヴェルト	3	ワシントン	3	F.ローズヴェルト
やや偉大		4	T.ローズヴェルト	4	T.ローズヴェルト	4	T.ローズヴェルト
4	ジェファソン	5	トルーマン	5	ジェファソン	5	アイゼンハワー
5	T.ローズヴェルト	6	ケネディ	6	トルーマン	6	トルーマン
6	ジャクソン	7	ジェファソン	7	ウィルソン	7	ジェファソン
7	トルーマン	8	アイゼンハワー	8	アイゼンハワー	8	ケネディ
8	レーガン	9	ウィルソン	9	ケネディ	9	レーガン
9	アイゼンハワー	10	レーガン	10	レーガン	10	オバマ
10	ポーク	11	L.ジョンソン	11	ポーク	11	L.ジョンソン
11	ウィルソン	12	ポーク	12	L.ジョンソン	12	モンロー
平均以上		13	ジャクソン	13	ジャクソン	13	ウィルソン
12	クリーヴランド	14	モンロー	14	モンロー	14	マッキンリー
13	J.アダムズ	15	クリントン	15	マディソン	15	J.アダムズ
14	マッキンリー	16	マッキンリー	16	J.アダムズ	16	マディソン
15	マディソン	17	J.アダムズ	17	オバマ	17	J.Q.アダムズ
16	モンロー	18	G.H.W.ブッシュ	18	クリントン	18	ポーク
17	L.ジョンソン	19	J.Q.アダムズ	19	マッキンリー	19	クリントン
18	ケネディ	20	マディソン	20	J.Q.アダムズ	20	グラント
平均的		21	クリーヴランド	21	クリーヴランド	21	G.H.W.ブッシュ
19	タフト	22	フォード	22	G.H.W.ブッシュ	22	ジャクソン
20	J.Q.アダムズ	23	グラント	23	グラント	23	タフト
21	G.H.W.ブッシュ	24	タフト	24	フォード	24	クーリッジ
22	ヘイズ	25	カーター	25	タフト	25	クリーヴランド
23	ヴァン・ビューレン	26	クーリッジ	26	カーター	26	カーター
24	クリントン	27	ニクソン	27	クーリッジ	27	ガーフィールド
25	クーリッジ	28	ガーフィールド	28	アーサー	28	フォード
26	アーサー	29	テイラー	29	ニクソン	29	G.W.ブッシュ
平均以下		30	B.ハリソン	30	ガーフィールド	30	アーサー
27	B.ハリソン	31	ヴァン・ビューレン	31	ヴァン・ビューレン	31	ニクソン
28	フォード	32	アーサー	32	ヘイズ	32	B.ハリソン
29	フーヴァー	33	ヘイズ	33	タイラー／B.ハリソン＊	33	ヘイズ
30	カーター	34	フーヴァー	34	フーヴァー	34	ヴァン・ビューレン
31	テイラー	35	タイラー	35	テイラー	35	タイラー
32	グラント	36	G.W.ブッシュ	36	フィルモア	36	フーヴァー
33	ニクソン	37	フィルモア	37	G.W.ブッシュ	37	ハーディング
34	タイラー	38	ハーディング	38	A.ジョンソン	38	フィルモア
35	フィルモア	39	W.H.ハリソン	39	W.H.ハリソン	39	テイラー
失敗		40	ピアース	40	ハーディング	40	W.H.ハリソン
36	A.ジョンソン	41	A.ジョンソン	41	ピアース	41	トランプ
37	ピアース	42	ブキャナン	42	ブキャナン	42	ピアース
38	ハーディング					43	A.ジョンソン
39	ブキャナン					44	ブキャナン

アメリカの歴代大統領を偉大さの視点でみたランキング表

シュレジンガー調査（1948年）		シュレジンガー調査（1962年）		マラネル＝ドッダー調査（1982年）		マレイ＝ブレッシング調査（2000年）	
偉大		偉大				偉大	
1	リンカン	1	リンカン	1	リンカン	1	ワシントン
2	ワシントン	2	ワシントン	2	F.ローズヴェルト	2	リンカン
3	F.ローズヴェルト	3	F.ローズヴェルト	3	ワシントン	3	F.ローズヴェルト
4	ウィルソン	4	ウィルソン	4	ジェファソン	4	ジェファソン
5	ジェファソン	5	ジェファソン	5	T.ローズヴェルト	やや偉大	
6	ジャクソン	やや偉大		6	トルーマン	5	T.ローズヴェルト
やや偉大		6	ジャクソン	7	ウィルソン	6	ウィルソン
7	T.ローズヴェルト	7	T.ローズヴェルト	8	ジャクソン	7	ジャクソン
8	クリーブランド	8	ポーク／トルーマン＊	9	L.ジョンソン	8	トルーマン
9	J.アダムズ	9	J.アダムズ	10	ポーク	平均以上	
10	ポーク	10	クリーヴランド	11	J.アダムズ	9	J.アダムズ
平均的		平均的		12	ケネディ	10	L.ジョンソン
11	J.Q.アダムズ	11	マディソン	13	モンロー	11	アイゼンハワー
12	モンロー	12	J.Q.アダムズ	14	クリーヴランド	12	ポーク
13	ヘイズ	13	ヘイズ	15	マディソン	13	ケネディ
14	マディソン	14	マッキンリー	16	タフト	14	マディソン
15	ヴァン・ビューレン	15	タフト	17	マッキンリー	15	モンロー
16	タフト	16	ヴァン・ビューレン	18	J.Q.アダムズ	16	J.Q.アダムズ
17	アーサー	17	モンロー	19	フーヴァー	17	クリーヴランド
18	マッキンリー	18	フーヴァー	20	アイゼンハワー	平均的	
19	A.ジョンソン	19	B.ハリソン	21	A.ジョンソン	18	マッキンリー
20	フーヴァー	20	アーサー／アイゼンハワー＊	22	ヴァン・ビューレン	19	タフト
21	B.ハリソン	21	A.ジョンソン	23	アーサー	20	ヴァン・ビューレン
平均以下		平均以下		24	ヘイズ	21	フーヴァー
22	タイラー	22	テイラー	25	タイラー	22	ヘイズ
23	クーリッジ	23	タイラー	26	B.ハリソン	23	アーサー
24	フィルモア	24	フィルモア	27	テイラー	24	フォード
25	テイラー	25	クーリッジ	28	ブキャナン	25	カーター
26	ブキャナン	26	ピアース	29	フィルモア	26	B.ハリソン
27	ピアーズ	27	ブキャナン	30	クーリッジ	平均以下	
失敗		失敗		31	ピアース	27	テイラー
28	グラント	28	グラント	32	グラント	28	タイラー
29	ハーディング	29	ハーディング	33	ハーディング	29	フィルモア
						30	クーリッジ
						31	ピアース
						失敗	
						32	A.ジョンソン
						33	ブキャナン
						34	ニクソン
						35	グラント
						36	ハーディング

（＊は同位）

大統領の生まれ育った環境は影響するか?

大統領に対する評価は、国民が大統領に期待しているものを反映しているということができそうです。人々は大統領の人となりに興味を抱いています。大統領選挙が始まると、アメリカのみならず日本でも有力候補の伝記が刊行されます。大統領候補はどのような家庭で育ち、幼少期をどのようなコミュニティで過ごし、いかなる教育を受けて、どのような学生生活を送り、社会人としてどのような経験を積んできたのかに、多くの人が関心を持ちます。このような傾向は、大統領への評価と関係があるのでしょうか。

例えば、大統領候補がいかなる社会的背景を持っているかについては、リンカンが丸太小屋から立身出世を果たしたという話が好まれることから、特権階級のエリートではない過去を持つ人が好まれるのかもしれません。同じ人物を、特権階級出身の場合と、貧しい家庭出身の場合で比較することができればよいのでしょうが、そのようなことはできません。ならば、貧しい家庭から身を起こした大統領は、果たしてランキングが高くなっているのでしょうか?

次頁の表は、大統領が生まれ育った時の階層をまとめたものです。これを見れば、実際には大統領の出身階層は高いことが多く、庶民性を売りにする大統領も、必ずしも貧しい

大統領と出身階層

超富裕層	ワシントン、ジェファソン、マディソン、J. Q. アダムズ、ハリソン、テイラー、タイラー、B. ハリソン、T. ローズヴェルト、タフト、F. ローズヴェルト、G. H. W. ブッシュ、G. W. ブッシュ
富裕層	ポーク、ケネディ、トランプ
下位富裕層	J. アダムズ、モンロー、ピアース、ヘイズ、クリーヴランド、ハーディング、ウィルソン、クーリッジ、トルーマン
上位中流層	ジャクソン、ヴァン・ビューレン、ブキャナン、グラント、アーサー、マッキンリー、フーヴァー、L. ジョンソン、フォード、カーター
中流層	リンカン、アイゼンハワー、レーガン、クリントン、オバマ、バイデン
下位中流層	フィルモア、ガーフィールド、ニクソン
上位下流層	A. ジョンソン
最下層	（誰もいない）

出典：John Anthony Maltese, Andrew Rudalevige, Joseph A. Pika, The Politics of the Presidency Eleventh Edition, 2024, P142

家庭で育ったわけではありません。大統領の社会的属性が、ランキング結果を左右するとはあまり言えないような気がします。

また、教育に関しては、歴代の45名の大統領のうち、大学の学位を持たない人物は9名のみで、20世紀以降に限るとハリー・トルーマンのみです。大統領の前職としては、45名中27名が法曹資格を持っていますが、第二次世界大戦後は法曹資格を持つ人の割合は顕著に下がっています。そして、連邦議会上下両院のいずれか（あるいは両方）で議員を務めたことのある人物は約3分の2となっています。副大統領や州知事を務めた人物も多いです。

なお、トランプ以降に共和党で大統領選挙を志す人物は、エリートではないことをアピールする傾向が強くなっているような気がします。しかし、彼らの実際の経歴を見てみると、エリート大学を出ていたりします。実際の学歴というよりも、庶民感覚を持っているというようなアピールが重要だと考えられるようになっているのかもしれません（もちろん、大統領への就任のしやすさと、大統領就任後の評価は別物ですが）。

いずれにせよ、大統領の生まれ育った環境や職歴などが、大統領のランキングと明確に対応しているというわけでは、なさそうです。

力量がある人が大統領になれるわけではない？

大統領のランキングを見ると、大統領としての力量のある人が高いランクに位置する傾向があるのは間違いなさそうです。ただ、大統領の力量をどう測定するかは難しいです。一般に、重要法案を多く通した大統領は力量がある、と考えられがちですが、そもそも法案を提出し通過させるのは大統領ではなく連邦議会の仕事です。また、戦争などの軍事安全保障上の危機が存在する時に、問題を巧みに処理した場合には、大統領に力量があったといえそうです。ただ、本当に力量がある大統領ならば、危機が発生しないように、未然に対応できたのではないか？　ともいえそうです。

　このように、大統領の力量とは何かを定義することは著しく困難ですが、その一方で、「力量がない人の方が好ましい」という人はいないでしょう。大統領個人の力量が重要だというのは誰しも認めるところでしょうし、ランキングが上位の大統領が力量を持っていたのは間違いないでしょう。ただ、リンカンやF・ローズヴェルトが今大統領になれば、政治・社会の分断を乗り越えることができるかといえば、そういうわけでもない気がします。どれだけ力量がある人が大統領になったとしても、いかんともしがたい場合もありそうです。他方、力量がない人が大統領になってしまうと、どれだけ状況がよくても悲惨な結果になる危険性もあるでしょう。その意味で、有能な大統領を選ぶことは重要です。

　ただ、これまで長い間、大統領にふさわしくない人が大統領選挙で当選することはないと指摘されてきました。大統領候補が予備選挙と本選挙を通して一年近く選挙戦を継続する中で、力量のない人物は有権者の評価に耐えきれずに脱落してしまって大統領になることはないはずだ、長い選挙期間を生き延びて当選した人には一定の実力が備わっているはずだと指摘されてきました。

　ですが、大統領としてランキングが高いとはいえないトランプが、2024年大統領選挙でも再び共和党候補になっています。選挙前の時点で「もしトラ」が「ほぼトラ」に進化したと指摘する人がいるなど、本選挙で勝利する可能性も指摘されています。ひょっとすると、今日では上述のような指摘は当たらなくなってしまっているのかもしれません。その背景には、大統領の能力や、大統領が自らにどのような利益を与えてくれるかという合理的な判断よりも、気に入らない人を叩いてくれる人に喝采を浴びせたいという欲求が、人々の間で強くなっていることがあるように思われます。伝統的にアメリカの大統領は、全国民を統合する存在と位置づけられており、全ての国民にむけて語りかけるのが当然とされてきました。しかし、トランプは大統領時代にも自らの岩盤支持層を想定したメッセージを出して政治社会の分断をむしろ煽る手法をとり続けました。大統領の位置づけが現在変わりつつあるのかもしれません。

2　大統領のリーダーシップ

国民は大統領にリーダーシップを求める

政治的な力量というのと関係しながらも、少しニュアンスの違う概念に、リーダーシップというものがあります。力量という場合は問題解決能力が重視され、リーダーシップという場合には状況を切り開く力がより強調されているという感じでしょうか。それはさておき、どのような組織でも、その長にはリーダーシップの発揮が期待されているようです。そして、ランキングの高い大統領はリーダーシップを発揮したといわれる人々で、下位の人はリーダーシップがなかったといわれることが多いです。これは、多くの人が大統領にリーダーシップの発揮を期待していることの表れだといえるでしょう。

では、人々はなぜ大統領にリーダーシップを求めるのでしょうか。国民が大統領に大きな期待をかける背景には、大統領がアメリカの中で唯一国民全体を支持基盤とする公職者であり、国民全体の意思を体現し得る存在だと考えられていることがあります。重要なのは、統治機構に対する不信が非常に強まっていることが、大統領のリーダーシップに対する期待が強まる背景にあることです。

次頁のグラフは、アメリカの統治機構（government）に対する信頼度を示しています。なお、英語の government はしばしば政府と訳されますが、政府という場合は一般的には行政部や内閣が想定されるのに対し、government は行政部だけでなく立法部、司法部も含む言葉です。このグラフを見ればわかるように、最近では統治機構に対する信頼度は下がっています。

興味深いのは、アメリカでは大統領の支持率よりも連邦議会の支持率の方が一貫して低

アメリカの統治機構に対する信頼度の推移

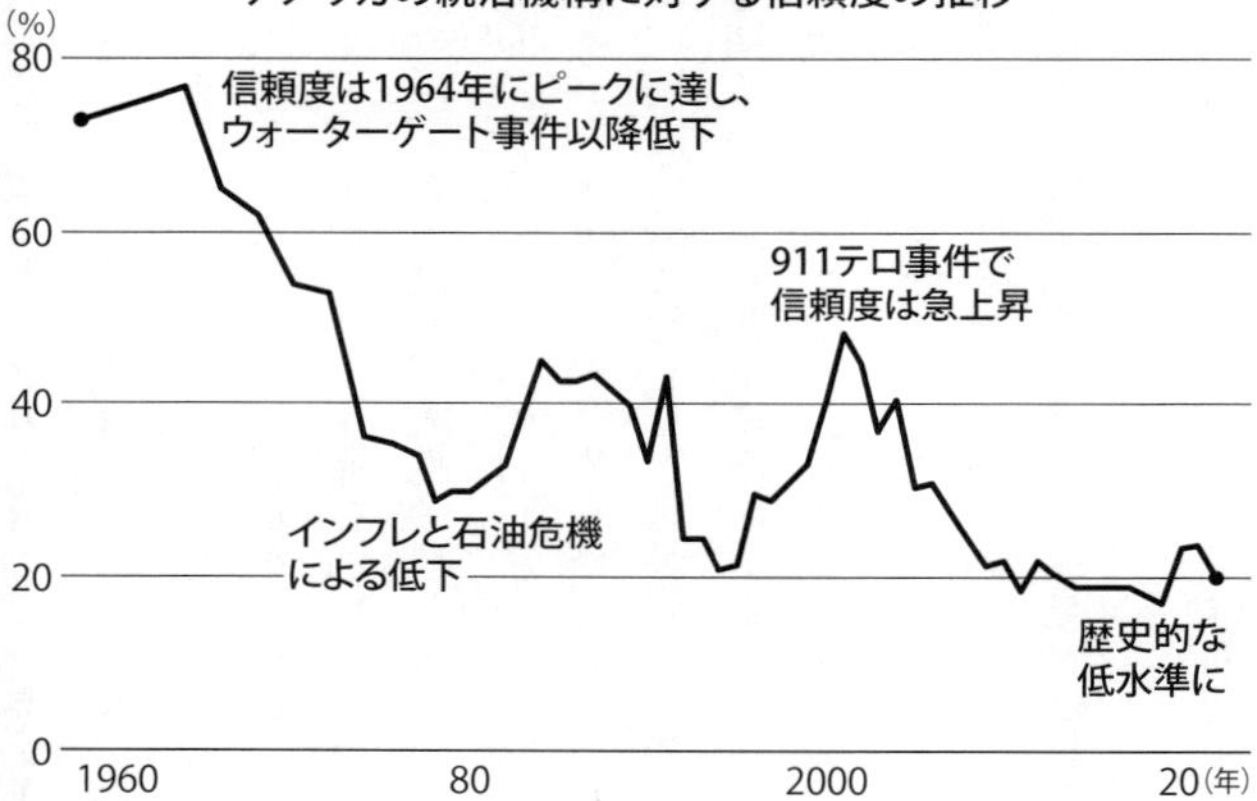

ピュー・リサーチセンターのデータをもとに作成

大統領と連邦議会に対する支持率の変遷

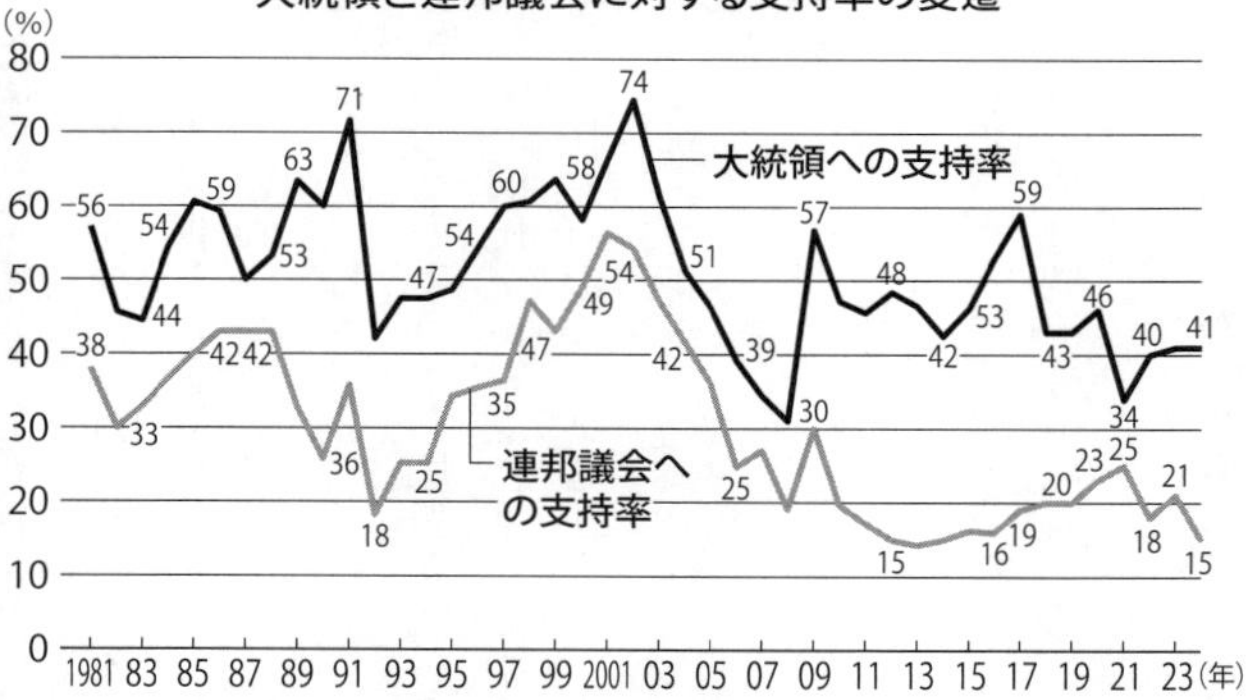

ギャラップ社のデータをもとに作成

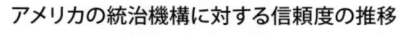

いことです。これほど議会の支持率が低いと、連邦議会選挙があれば現職議員が相当数落選しているはずだと思う人がいるかと思います。しかし、驚くべきことに、再選を希望する現職の連邦議会議員の再選率は九割を優に超えるのです（下院の場合は95％を超えるのが一般的です）。議会全体への支持率は低いにもかかわらず再選率は高いという現象を、その傾向を指摘した政治学者の名をとって「フェノのパラドックス」といいます。

連邦議会議員の再選率が高いのには様々な理由があります。例えば、現職議員はしばしば自らの選挙区に公共事業を持ってきます。他の選挙区に居住する人々はそのような公共事業を否定的にとらえる可能性が高いでしょうが、その選挙区の住民の中には公共事業をありがたいと考える人も多いでしょう。

ゲリマンダリングも連邦議会下院議員の再選率を高めている理由です。アメリカでは10年に1度、国勢調査の結果に基づいて選挙区割りを行います。まずは人口に応じて各州に議席数を割り当てた後、区割り時に州で優勢な政党が、州内で一票の格差が発生しないように区割りを行うのが一般的です。彼らは自党の現職者に有利な選挙区割りをすることが多いですが、その結果、他の選挙区では他党の政治家が有利になる可能性が高くなります。結果的に現職議員に有利な選挙区割りが続くのです。

その他、現職議員には選挙区に政治状況を説明するという名目で交通費や通信費が支給されます。また、メディアによる報道量の問題も現職に有利に働きます。例えば連邦下院議員は全米で435人いて、全員が同時に改選されますが、全ての選挙区について現職と対立候補の両方について同じように報道するのは不可能です。結果的に現職政治家が行ったことを中心に報道される傾向があるため、現職議員の知名度が上がり、選挙で有利になります。

これらの要因が重なった結果、国民が政治を変えてほしいと考えているにもかかわらず、連邦議会議員の圧倒的多数が有権者の信任を得て再選するのです。このような状況では、連邦議会に政治の変革を期待することはできません。また、政治の変革を求める人々の期待が大統領に向かっても不思議ではありません。そして、大統領候補の中でも、連邦政界の常識に染まっていないアウトサイダー候補に対する期待が高くなるのです。

これが、アメリカで大統領に対するリーダーシップが求められている理由です。国民の政治不信の高まりが大統領のリーダーシップに対する期待の背景にあるのです。

そもそもリーダーシップとは何か

では、リーダーシップとは一体どのようなものなのでしょうか。リーダーシップがある政治家とは一体どのような人なのでしょうか。これについては様々な議論が提起されています。しかし、政治家のリーダーシップを定義することに、あまり意味はないかもしれません。リーダーシップは結果論にすぎず、成功した人がリーダーシップがあるといわれているだけではないかという印象があります。

理論的に見た場合、リーダーシップ論には失敗を説明できないという問題点があります。失敗した人については、リーダーシップがなかったとしかいいようがないのです。リーダーシップがあると評価されて選ばれた人が失敗すると、実はあの人のリーダーシップはまやかしだったといわれてしまいます。

逆に、大統領在職中はリーダーシップがないといわれていた人物について、任期を終えてしばらくした後に、そのリーダーシップが発見される場合もあります。先ほど指摘したように、アイゼンハワー大統領は、時の経過に伴って評価が大きく変わった人物です。

アイゼンハワーは連合国遠征軍最高司令官、陸軍参謀総長やNATO軍最高司令官などを歴任し、コロンビア大学学長も務めた人物ですが、政治経験はありませんでした。そして在職中は、犬の散歩やゴルフばかりしているといわれ、人柄は良いものの、リーダーシップはない人だといわれていました。しかし、大統領の任期が終わり、しばらく経ってからふりかえると、アイゼンハワー政権期には、目立たないものの国民生活に関わる重要法案が数多く通っていたことが明らかになりました。アイゼンハワーは、連邦政界の有力者

ホワイトハウス南庭でゴルフに興じるアイゼンハワー大統領。1959年12月2日撮影

と共に犬の散歩やゴルフをしながら、重要法案を通すためのカギを探り、諸々の調整をしていたのです。現在では、アイゼンハワーは隠れたリーダーシップ(hidden-hand leadership)を発揮していた大統領だったと評価されています。

　このように考えると、リーダーシップそれ自体について考えても、あまり有益ではないのではないでしょうか。もちろん、大統領の個性やスタイルについては類型化が可能かもしれません。しかし、個人的属性に注目することには限界があるように思います。リーダーシップのある政治家に期待するというのは、自分たちの望むことをやってほしいという国民の要望の表れであり、現状に対する不満の強さを示しているのにすぎないように思います。

分断状態下はリーダーシップを評価するのは困難

また、大統領のランキングで評価の高い大統領には、革命、南北戦争、第二次世界大戦などの動乱期の大統領が多くなっています。国民が難関突破や現状変革を望み、大統領自身も変革の意思を示すと、その大統領はリーダーシップがあると評価されるということかもしれません。なお、変革の意思を示すことと良い結果をもたらすことは別なので、評判のいい大統領が本当に良い結果を生んだと断言してよいかどうかは、ややはばかられます。

また、評判の良い大統領は、評判の悪い大統領の後任であることも多いです。例えば、F・ローズヴェルトの前任者はハーバート・フーヴァーでした。これは、前の大統領と比べると毅然とした態度で国民の期待に応えようとした、国民の不満を解消しようとしたことに対する評価なのかもしれません。このような評価は、現状に対する国民の不満の強さの表れだと考えるのが妥当なように思います。

しかし、これは今日のアメリカ大統領にとって、難しい問題を提起しています。近年のアメリカでは、二大政党の分極化が進むとともに、有権者の次元でも分断が鮮明になっています。オバマ大統領、トランプ大統領、バイデン大統領のいずれについても、自党の支持者からは高く評価される一方で、他党の支持者からは酷評される状態が続いています。

トランプ大統領の職務能力支持率の推移

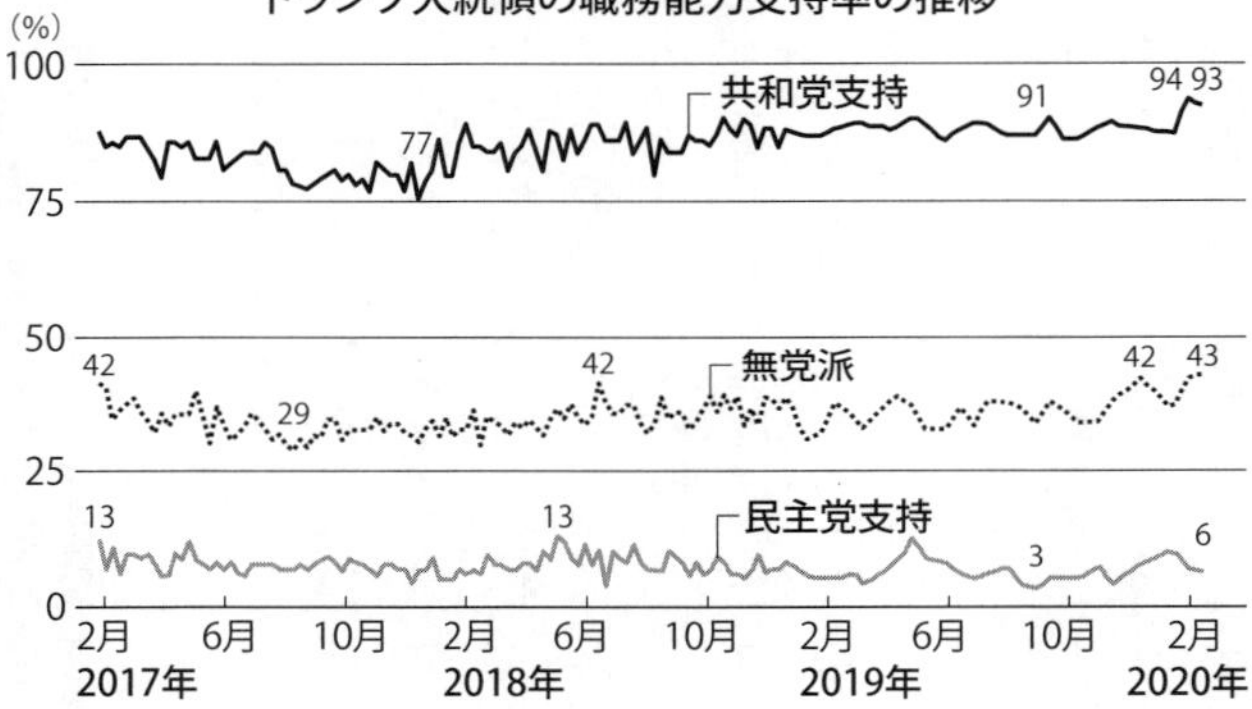

ギャラップ社のデータをもとに作成

バイデン大統領の職務能力支持率の推移

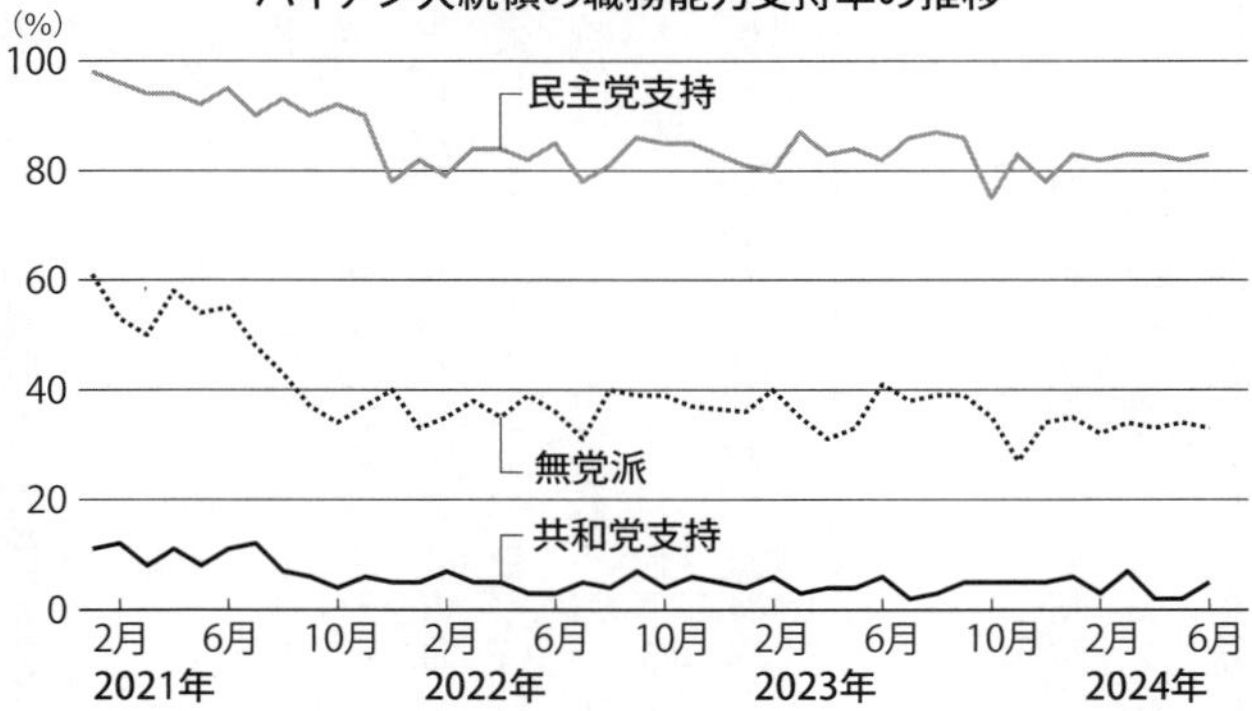

ギャラップ社のデータをもとに作成
https://news.gallup.com/poll/329384/presidential-approval-ratings-joe-biden.aspx

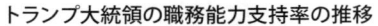

二つのアメリカと呼ばれるほどに政治社会が分断している状況では、大統領が国民全体の期待に応えること、すなわち、リーダーシップを発揮したと評価されることは難しいように思います。

3　分断を乗り越えるための重要項目

マイノリティを取り込む

それではアメリカは、現在の分断状況を乗り越えることができるのでしょうか？　その可能性のある方法として、いくつかのことがしばしば指摘されています。

まずは、人口動態の変化がアメリカの分断を克服するきっかけになると指摘されることがあります。今日では中南米系とアジア系の人口が増大しており、２０４０年代のいずれかの時点で白人（ただし中南米系を除く、以下同様）の人口比率が総人口の半数を下回ると国勢調査局も予想しています。このような社会変化を快く思わない保守的な白人層が、いわゆるトランプ現象をもたらしたと言われています。

トランプの岩盤支持層になった、ラストベルトに住む白人労働者層は、1970年代まででであれば労働組合において積極的に活動し、アメリカ社会の中核を担ったような人々でした。しかし、産業構造の変化を受けて社会経済的地位が低下した結果、彼らは成功した白人からは見下され、マイノリティからは積極的差別是正措置という名の逆差別を受け、賃金低下を受けて家庭内では妻に軽んじられ、幾重もの被害者意識を持つようになったとされます。

この結果として、今日、共和党を白人の政党、民主党をマイノリティの政党と呼ぶ人もいます。しかし、仮に今後マイノリティ人口が増え続けるのであれば、共和党もマイノリティの取り込みを行う必要が出てくるため、変革を迫られます。現在のように分断を続けるのは得策でないという認識を持つに至るだろうというのが、この考え方の背景にあります。

これは興味深い指摘です。人口動態の変化がアメリカ政治に変化をもたらすのは間違いないでしょう。しかし、これが分断の克服に寄与するかについては慎重な判断が必要です。2016年大統領選挙の時よりも2020年大統領選挙の時の方が、より多くの中南米系や黒人がトランプに投票していることを考えると、トランプ的な政策を支持するマイノリティが増える可能性もあるからです。

例えば中南米系については、もともと家庭内でスペイン語ではなく英語を話す人々の間では、トランプ支持者の割合は相対的に高くなっていました。また、不法移民＝中南米系という認識が一般的になる中で、正規の手続きを経て移民からアメリカ国籍や永住権を得た人々が、不法移民のせいで自分たちまでもが不当な差別を受けているという認識を持ったとしても不思議ではありません。

アジア系に関しても、マイノリティとしての位置に満足するのではなく、例えば名誉白人と呼ばれるようになって社会の体制側に近づきたいと考える人々が存在します。今後のアメリカで混血が徐々に進んでいき、中南米系やアジア系の一部が白人と同様の保守的な価値観を身に付けていく可能性は十分考えられます。

また、黒人についても、祖先にアメリカで奴隷だった人を持つ人々以外にも、近年アフリカやカリブ海地域から移住してきた人やその子孫の割合が増えています。特にアフリカから留学生としてきたような人は、出身国ではエリートであり、保守的な価値観を持っていても不思議ではありません。このようなことを考えれば、マイノリティ人口が増加し、白人の人口比率が相対的に減少するからといって、分断が克服できると結論付けるのは早計でしょう。

Z世代に期待できるか

次に指摘されているのが世代の問題です。新たな価値観を持つZ世代の若者は、現在の分断状況を好ましく思っていないため、彼らの発言力が増大するようになると政治状況も変化していくはずだという指摘があります。とりわけ、Z世代は全体として左傾化しているため、二大政党ともにその声に耳を傾けざるを得なくなるはずだという指摘が頻繁になされています。

現在のアメリカでは、Z世代が中心となって反イスラエル・デモを大学キャンパスなどで展開しています。このような事態は1960年代の学生運動（公民権運動やベトナム反戦運動）以来だともいわれ、Z世代がアメリカを変えるという考え方には一定の説得力があるようにも思えます。

しかし、この考え方についても留保が必要です。言うまでもないことですが、Z世代の中にも保守的な人たちはいます。ピュー・リサーチセンターの調査によれば、Z世代に占める民主党支持者の割合（33％）は、国民全体（34％）とさほど変わらず、共和党支持者も22％存在します（最大のカテゴリーは無党派層の45％です）。若者全体が左傾化しているというわけではなさそうです。

アメリカ人の政治意識を分析するにあたり、年齢と教育という要素が重要な意味を持ちますが、教育水準が高い人々はリベラルな価値観を持つ傾向があります。しかし、保守的な地域で生まれ育ったZ世代の若者もいるのです。宗教右派は学校で進化論が教えられることを嫌い、子どもを自宅で教育する場合があります。アメリカでは児童に教育を受けさせる義務はありますが、学校に通わせなければならないという義務は存在しないので、宗教右派はホームスクーリングで進化論を否定する教育を受けさせている場合もあるのです。

また、政治学の先行研究で人々の政治意識を規定する要因として年齢が強調されますが、年齢と世代は異なる概念です。これまでも、ミレニアル世代やX世代がアメリカ政治を変えるという指摘は幾度となくされてきました。しかし、彼らは年齢を重ねる中で、若い時に持っていたようなリベラルな価値観を持ち続けているとは限りません。１９６０年代に学生運動を担った人々は高齢になった後でもリベラルな価値観を持ち続けていますが、他の世代についてはそのような傾向が見られるとは言えません。

果たしてZ世代が１９６０年代の若者と同様に、年を重ねてもリベラルな価値観を保持し続けるかについては、わからないとしか言いようがありません。彼らが将来的に分断を克服してくれるとは、必ずしも言えないのです。

疫病・戦争・テロなどの国家的危機

他にアメリカの分断を克服するきっかけになりうるものとしては、疫病や戦争やテロなどの国家的危機が想定されます。これらは国家が総力あげて対応しなければならない事態であるため、分断を続けるのは得策ではありません。

しかし、これらが分断を克服することになるかと言えば、はっきりとしたことは言えません。例えば疫病については、一連の新型コロナ禍において、むしろ分断が深まったという印象があります。バイデン政権が中心となってマスクの着用やワクチン接種を推進し、外出を控えるよう依頼する中で、例えばフロリダ州知事のロン・デサンティスなどはバイデン政権と徹底的に対峙する姿勢を見せました。反知性主義を特徴とするポピュリズムが顕在化する中で、専門家の知見までもが強く疑われるようになっているのです（専門家をエリートとして批判したトランプやデサンティス自身も実際は高学歴のエリートなのですが）。

またテロや戦争に関しても、評価の難しいところがあります。2001年の911テロ事件の直後には、ジョージ・W・ブッシュ大統領の支持率が90％を超え、アメリカ国民はブッシュ大統領のもとに結集しました。国家的な危機の時に、大統領のもとに世論の支持が集まることを旗下《きか》結集効果と言います。しかし、ブッシュ政権が論争的な対アフガニスタン戦争やイラク戦争に突入すると、アメリカの分断は一層深まりました。

もっとも、アメリカが本格的に外国から攻め込まれるような事態となれば分断が克服されるのかもしれませんが、さすがにそのような事態を期待するのは適切ではないでしょう。

このように考えると、現在のアメリカの分断状況を克服するための方法が存在すると断言することができないことがわかるでしょう。現在のアメリカの政治・社会の分断が克服されない限り、大統領が超党派的な高い評価を得ることは難しいですが、アメリカの分断を克服することも非常に難しいのです。アメリカの大統領が指導力を発揮するのが難しい時代になっていると言わざるを得ないでしょう。

【コラム】大統領の「嘘」

大統領に対する評価をする際に、その人柄の実直さが問われることは多いでしょう。嘘つきの大統領は信頼できない！　と思う人もいると思いますが、全く嘘をつかない人もいないかと思います。ちなみに、ワシントンポスト紙はファクト・チェックを行った結果、トランプ前大統領は職責にあった4年で3万5７3回の虚偽や誤解を与える発言をしたと報じています。半分近くが最後の4年目に集中していたそうですが、再選を目指す大統領選挙に向けて、また、落選後に不満を述べるために、嘘を重ねたということでしょうか。各発言が嘘かどうかの判断は評価が分かれる場合もあるかもしれませんが、これだけ多くの嘘をつけるというのも、一種の才能のような気がします。

もっとも、同じく嘘をついた場合でも、機密を守るために嘘をついた場合と、不倫を隠そうとするなど個人的な問題について虚偽の説明をした場合と、再選を果たすことができなかった場合に「開票で不正が行われた」と根拠なく述べる場合では、その意味合いが異なります。「もう一つの事実」や「ポスト・トゥルース」という言葉を流行らせたトランプに対する支持が今でも強い現実を、どのようにとらえればよいのでしょうか。

トランプ大統領の「嘘」に対して抗議の意を示す人々

2025年1月の新大統領就任に向けて

2024年の大統領選挙は、民主党のジョー・バイデンが選挙戦からの撤退を表明したため、民主党候補はカマラ・ハリス、共和党候補はドナルド・トランプになりました。

この選挙の結果を予測するのは、非常に困難です。第3章でも記したとおり、選挙の勝敗は全50州とワシントンDCに割り振られた選挙人の獲得数で決まります。そのうち40以上の州では既に勝敗は明白で、最終的な結果は7つの接戦州（ミシガン、ペンシルヴェニア、ウィスコンシン、ネヴァダ、アリゾナ、ジョージア、ノースカロライナ）の行方次第だと予想されています。最終的に支持が拮抗する場合は、第三の候補がどちらの足を引っ張るかで結果が決まる可能性すらあります。

悩ましいのは、選挙の勝敗を予想するのは難しいものの、選挙終了後に混乱が発生し、分断がさらに進行するであろうことは、容易に予想できることです。

上述のように、選挙結果はごく一部の州の住民の投票で決まります。また、今日では選挙技術が発達しているので、二大政党は、投票行動を変える可能性がある人々（投票するか否かを決めていない人や、投票先を変える可能性のある人）にしか接触しません。接戦州の選挙結果も、これら少数者の意向によって決まるのです。極論すれば、接戦州以外に居住する有権者の票は、投じられても投じられなくても結果に影響しません。アメリカは民主主義を体現する国だという自己認識を持っていますが、国民の多数派の意向で当選者が決まっているわけではないのです。

それに加えて、生成ＡＩを利用したフェイク・ニュースによる中傷合戦も懸念されますし、海外勢力が介入してくる可能性もあります。選挙手続きの正統性や投票権剥奪に関する疑念も提起されるでしょう。このような状況では、選挙に敗北した候補とその支持者が結果に不満を抱き、場合によると「選挙結果が不正に歪められた」との主張を展開する可能性があります。

アメリカは、連邦制を採用するとともに、多民族国家でもあります。大統領は長らく、様々な意味での多元性を統合する存在だと説明されてきました。しかし、そのような大統領を選ぶ選挙の結果、むしろ民主政治に対する疑念が強まり、政治・社会の分断が進む可能性もありそうだというのがアメリカの現状です。このような状態では、誰が大統領になってもその後の政権運営は大変になるでしょう。二大政党の勢力が拮抗していて、分割政府になる可能性が高いことが、混乱にさらなる拍車をかけそうです。大統領が直面する困難を理解し、２０２５年1月20日の正午に就任する大統領の政権運営について考える上で、本書が有益な情報を提供することができれば幸いです。

本書は、「もしあなたがアメリカ大統領になってしまったら……」という想定で本を執筆できないかと平凡社の平井瑛子さんからご相談を受けたことによって、誕生しました。偶然、２０２４年度の前期にかわさき市民アカデミーで「アメリカの大統領と政治」と題する講座を担当することになっていたこともあり、講座を開始する前に本書のための準備を一気に進めることにしました。しかし、アメリカ大統領に関しては膨大な量の研究があり、そのエッセンスを短い分量でまとめる作業は想像以上に困難でした。また、初校が出た後にトランプが演説中に銃撃され、再校が出た時にバイデンが大統領選挙からの撤退を表明しました。平井さんには、本当に本が出せるのだろうか？　との不安を抱かせたのではないかと思います。さまざまな図表を作成していただくなど、とても多くの仕事をしていただいたことに、心よりお礼を申し上げます。

なお、政治学者には様々な立場がありますが、私は基本的には、特定の政治主体やその行動について「分析」することはあっても、「意見」を述べたり「評価」や「判断」をしたりすることは差し控えるべきだという立場をとっています。にもかかわらず本書では、大統領に関して「このような制度的な制約がある」とか「このような経緯がある」というのを超えて、ある種の帝王学的、実践学的な立場から議論を展開している部分があります。読者の皆様が権力の座にある者が直面する困難をより具体的にイメージするためには、そのような観点も必要かと考えたからです。このような試みが成功していることを祈ります。

2024年7月

西山隆行

参考文献

西山隆行『〈犯罪大国アメリカ〉のいま――分断する社会と銃・薬物・移民』（弘文堂、2021年）
西山隆行『格差と分断のアメリカ』（東京堂出版、2020年）
西山隆行『アメリカ政治講義』（筑摩書房、2018年）
西山隆行『アメリカ政治入門』（東京大学出版会、2018年）
西山隆行『移民大国アメリカ』（筑摩書房、2016年）
岡山裕・西山隆行編『アメリカの政治　第2版』（弘文堂、2024年）
岡山裕・前嶋和弘『アメリカ政治』（有斐閣、2023年）
岡山裕『アメリカの政党政治――建国から250年の軌跡』（中央公論新社、2020年）
久保文明・岡山裕『アメリカ政治史講義』（東京大学出版会、2022年）
古矢旬『グローバル時代のアメリカ――冷戦時代から21世紀』（岩波書店、2020年）
梅川健『大統領が変えるアメリカの三権分立制――署名時声明をめぐる議会との攻防』（東京大学出版会、2015年）
梅川葉菜『アメリカ大統領と政策革新――連邦制と三権分立制の間で』（東京大学出版会、2018年）
久保文明・阿川尚之・梅川健編『アメリカ大統領の権限とその限界――トランプ大統領はどこまでできるか』（日本評論社、2018年）

待鳥聡史『アメリカ大統領制の現在――権限の弱さをどう乗り越えるか』（NHK出版、2016年）
待鳥聡史『〈代表〉と〈統治〉のアメリカ政治』（講談社、2009年）
松本俊太『アメリカ大統領は分極化した議会で何ができるか』（ミネルヴァ書房、2017年）
吉野孝・前嶋和弘編著『危機のアメリカ「選挙デモクラシー」――社会経済変化からトランプ現象へ』（東信堂、2020年）
前嶋和弘・山脇岳志・津山恵子編著『現代アメリカ政治とメディア』（東洋経済新報社、2019年）
渡辺将人『現代アメリカ選挙の変貌――アウトリーチ・政党・デモクラシー』（名古屋大学出版会、2015年）
渡辺将人『メディアが動かすアメリカ―民主政治とジャーナリズム』（筑摩書房、2020年）
会田弘継『それでもなぜ、トランプは支持されるのか――アメリカ地殻変動の思想史』（東洋経済新報社、2024年）
三牧聖子『Z世代のアメリカ』（NHK出版、2023年）
『国際政治』213号（特集　アメリカ　対外政策の変容と国際秩序、西山隆行責任編集）、2024年
西崎文子『アメリカ外交史』（東京大学出版会、2022年）
佐々木卓也『冷戦――アメリカの民主主義的生活様式を守る戦い』（有斐閣、2011年）
アミタフ・アチャリア（芦澤久仁子訳）『アメリカ世界秩序の終焉――マルチプレックス世界のはじまり』（ミネルヴァ書房、2022年）
Lori Cox Han, & Diane J. Heith, *Presidents and the American Presidency* [3rd Edition], (Oxford University Press, 2023)

John Anthony Maltese, Andrew Rudalevige, & Joseph A. Pika, *The Politics of the Presidency* [11th Edition] (CQ Press, 2024)

代	名前	生没年	所属政党	在任期間
26	シオドア・ローズヴェルト	1858年−1919年	共和党	1901年−1905年、 1905年−1909年
27	ウィリアム・ハワード・タフト	1857年−1930年	共和党	1909年−1913年
28	トマス・ウッドロー・ウィルソン	1856年−1924年	民主党	1913年−1917年、 1917年−1921年
29	ウォレン・ガメイリアル・ ハーディング	1865年−1923年	共和党	1921年 −1923年8月2日
30	ジョン・カルヴィン・クーリッジ	1872年−1933年	共和党	1923年−1925年、 1925年−1929年
31	ハーバート・クラーク・ フーヴァー	1874年−1964年	共和党	1929年−1933年
32	フランクリン・デラノ・ ローズヴェルト	1882年−1945年	民主党	1933年−1937年、 1937年−1941年、 1941年−1945年、 1945年1月20日 −4月12日
33	ハリー・S.トルーマン	1884年−1972年	民主党	1945年−1949年、 1949年−1953年
34	ドワイト・デイヴィッド・ アイゼンハワー	1890年−1969年	共和党	1953年−1957年、 1957年−1961年
35	ジョン・フィッツジェラルド・ ケネディ	1917年−1963年	民主党	1961年 −1963年11月22日
36	リンドン・ベインズ・ジョンソン	1908年−1973年	民主党	1963年−1965年、 1965年−1969年
37	リチャード・ミルハウス・ニクソン	1913年−1994年	共和党	1969年−1973年、 1973年 −1974年8月9日
38	ジェラルド・ルドルフ・フォード	1913年−2006年	共和党	1974年−1977年
39	ジェームズ・アール・カーター	1924年−	民主党	1977年−1981年
40	ロナルド・ウィルソン・レーガン	1911年−2004年	共和党	1981年−1985年、 1985年−1989年
41	ジョージ・ハーバート・ ウォーカー・ブッシュ	1924年−2018年	共和党	1989年−1993年
42	ウィリアム・ジェファソン・ クリントン	1946年−	民主党	1993年−1997年、 1997年−2001年
43	ジョージ・ウォーカー・ブッシュ	1946年−	共和党	2001年−2005年、 2005年−2009年
44	バラク・フセイン・オバマ	1961年−	民主党	2009年−2013年、 2013年−2017年
45	ドナルド・ジョン・トランプ	1946年−	共和党	2017年−2021年
46	ジョセフ・ロビネット・バイデン	1942年−	民主党	2021年−

アメリカ歴代大統領一覧

代	名前	生没年	所属政党	在任期間
1	ジョージ・ワシントン	1732年−1799年	無所属	1789年−1793年、1793年−1797年
2	ジョン・アダムズ	1735年−1826年	連邦党	1797年−1801年
3	トマス・ジェファソン	1743年−1826年	民主共和党	1801年−1805年、1805年−1809年
4	ジェームズ・マディソン	1751年−1836年	民主共和党	1809年−1813年、1813年−1817年
5	ジェームズ・モンロー	1758年−1831年	民主共和党	1817年−1821年、1821年−1825年
6	ジョン・クィンシー・アダムズ	1767年−1848年	民主共和党	1825年−1829年
7	アンドリュー・ジャクソン	1767年−1845年	民主党	1829年−1833年、1833年−1837年
8	マーティン・ヴァン・ビューレン	1782年−1862年	民主党	1837年−1841年
9	ウィリアム・ヘンリー・ハリソン	1773年−1841年	ホイッグ党	1841年3月4日−1841年4月4日
10	ジョン・タイラー	1790年−1862年	ホイッグ党	1841年4月4日−1841年9月13日
			無所属	1841年9月13日−1845年3月4日
11	ジェームズ・ノックス・ポーク	1795年−1849年	民主党	1845年−1849年
12	ザカリー・テイラー	1784年−1850年	ホイッグ党	1849年−1850年7月9日
13	ミラード・フィルモア	1800年−1874年	ホイッグ党	1850年−1853年
14	フランクリン・ピアース	1804年−1869年	民主党	1853年−1857年
15	ジェームズ・ブキャナン	1791年−1868年	民主党	1857年−1861年
16	エイブラハム・リンカン	1809年−1865年	共和党	1861年−1865年、1865年3月4日−1865年4月15日
17	アンドリュー・ジョンソン	1808年−1875年	民主党	1865年−1869年
18	ユリシーズ・シンプソン・グラント	1822年−1885年	共和党	1869年−1873年、1873年−1877年
19	ラザフォード・バーチャード・ヘイズ	1822年−1893年	共和党	1877年−1881年
20	ジェームズ・エイブラム・ガーフィールド	1831年−1881年	共和党	1881年3月4日−1881年9月19日
21	チェスター・アラン・アーサー	1829年−1886年	共和党	1881年−1885年
22	スティーヴン・グロヴァー・クリーヴランド	1837年−1908年	民主党	1885年−1889年
23	ベンジャミン・ハリソン	1833年−1901年	共和党	1889年−1893年
24	スティーヴン・グロヴァー・クリーヴランド	1837年−1908年	民主党	1893年−1897年
25	ウィリアム・マッキンリー	1843年−1901年	共和党	1897年−1901年、1901年3月4日−1901年9月14日

【著者】
西山隆行（にしやま たかゆき）
1975年生まれ。東京大学大学院法学政治学研究科博士課程修了。博士（法学）。甲南大学法学部教授を経て、現在は成蹊大学法学部教授。専門は比較政治・アメリカ政治。主な著書に、『アメリカ型福祉国家と都市政治――ニューヨーク市におけるアーバン・リベラリズムの展開』『アメリカ政治入門』（いずれも東京大学出版会）、『マイノリティが変えるアメリカ政治――多民族社会の現状と将来』（共編著、NTT出版）、『格差と分断のアメリカ』（東京堂出版）、『〈犯罪大国アメリカ〉のいま――分断する社会と銃・薬物・移民』（弘文堂）、『移民大国アメリカ』『アメリカ政治講義』（いずれもちくま新書）がある。

平凡社新書1066

アメリカ大統領とは何か
最高権力者の本当の姿

発行日――2024年9月13日　初版第1刷

著者――西山隆行
発行者――下中順平
発行所――株式会社平凡社
〒101-0051 東京都千代田区神田神保町3-29
電話 （03）3230-6573［営業］
ホームページ https://www.heibonsha.co.jp/

印刷・製本―TOPPANクロレ株式会社
装幀――菊地信義

ISBN978-4-582-86066-5